JN098255

ライブラリ 現代経済学へのいざない 3

金融論
Theory & Practice

鎌田 康一郎 ● Koichiro Kamada

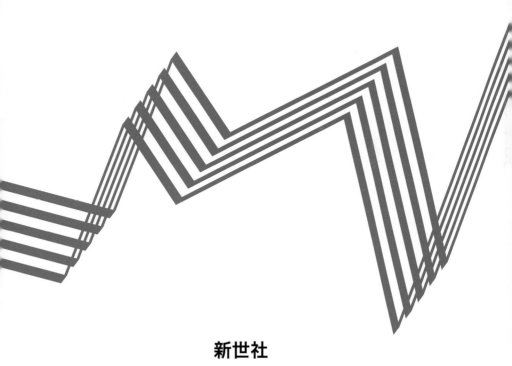

新世社

編者のことば

　現代の日本経済，海外経済をとりまく環境はめまぐるしく変化し，激動の渦中にあります。互いに密接に関連しあう世界経済の中で，現代の課題を正しく理解するには，経済学の素養が不可欠といって過言ではありません。

　バブル崩壊以降の日本経済は，長期のデフレ停滞を経験し，財政政策，金融政策，構造改革など，さまざまな政策対応が試みられてきました。それぞれの政策にどのような効果や問題があるのか議論が続いています。リーマンショック，東日本大震災などの甚大なショックに見舞われながらも，企業は収益力を高め，雇用情勢は改善しました。一方で，賃金は伸び悩み，家計の消費は総じて緩やかな回復にとどまっています。日本経済の底流には，少子高齢化や人口減少，生産性の低迷などの大きな課題が横たわっています。

　海外経済に目を転じると，リーマンショック後の米欧経済は，「日本化（Japanification）」とも称される「低成長，低インフレ，低金利」の状況に陥り，「長期停滞」論も提唱されました。かつて「日本化」という言葉は，日本の長期の低迷と不十分な政策対応を暗に批判する意味で語られてきました。しかしリーマンショック後，各種の経済対策を講じてもなお主要国の景気回復は緩慢であり，日本だけの問題ではなくなったのです。

　そして新型コロナウィルス感染拡大という新たなショックに見舞われました。経済再開のスピードをみれば，米国がいち早く立ち直って正常化した一方，日本の回復は極めて緩慢です。これまで当然とみなされてきた経済のグローバル化は後退し，供給制約にウクライナ危機が加わって，世界的にインフレは高まりをみせています。このように常に新しい課題に世界経済は直面しています。その中で，冷静な判断を行い，先行きを見通すには，経済学の理論や考え方を学び，実際の問題に応用する力が何よりも求められます。

　「ライブラリ 現代経済学へのいざない」は，さまざまな切り口から現代の諸課題にアプローチするテキストライブラリです。家計や企業の行動から積み上げるミクロ経済学，国の経済全体を捉えるマクロ経済学，経済史，統計学，計量経済学といった経済学のコア分野，そして財政学，金融論，労働経済学，国際経済学，国際金融論など現代に必須の応用分野をそろえています。本ライブラリは「Theory & Practice」をタイトルに入れて，各領域の気鋭の執筆者が，「理論」と「実際」が有機的につながるよう工夫された解説を行っています。大学学部4年間の学びに資するテキストとして，社会人の独学にも適した自習書として，広く活用いただくことを心から願っています。

宮尾　龍蔵

はしがき

　筆者は長年にわたって，日本の中央銀行である日本銀行で調査・研究・
実務に携わってきた。実務家としての中央銀行員にとって，現実世界で役
に立たない理論は無意味である。逆に，使える理論は古くても使う。この
ため，中央銀行員は，理論が実践に耐えるものであるか否か，ユーザーの
観点から厳しく評価している。本書で紹介する理論は，現実世界の中で淘
汰されることなく生き残ってきたものであり，現代においても通用するも
のである。

　中央銀行の研究者は，金融政策を扱う最前線の経済学者でもあり，新し
い理論を作ることにも貢献している。しかし，大学に所属する研究者と違
って，それによって生計を立てている訳ではない。中央銀行研究員の仕事
は，有用性を確認された理論をいかにして政策立案に役立てればよいのか
を考えることである。したがって，本書は近年の金融政策における革新が，
どのような理論を基礎として生まれてきたのかを理解する手掛かりとなる
であろう。

　本書を執筆するに当たって，限られた紙幅の中でどの理論を採用し，ど
の程度掘り下げて説明すべきか，難しい選択を行わなければならなかった。
その過程で，自分が中央銀行員として，どのような理論を頼りに，どのよ
うに考え，金融政策や銀行監督を実践してきたのかを再認識することとな
った。その意味で，本書は一人の中央銀行員のおそらくは偏った思考の産
物に過ぎないかもしれない。しかし，本書で紹介される金融理論が政策の
現場で有用であることは間違いない。

　金融に関する文献は膨大である。これは，金融の問題がいかに多くの
人々を惹きつけてきたかを示している。金融論はそれほどまでに魅力的な
学問なのである。金融論に興味を持ちながら，これまでなかなか手を出せ

　なかった人たちは，ぜひ本書を手にとって，金融論の世界への第一歩を踏み出してほしい。

　最後に，本書執筆の機会を与えて下さった神戸大学大学院経済学研究科の宮尾龍蔵教授，本書の企画から校正にいたるまで長期間にわたって協力を惜しまれなかった新世社編集部の御園生晴彦，菅野翔太の両氏に厚く御礼を申し上げます。

　2022 年 11 月

鎌田　康一郎

目　次

第Ⅰ部　基　礎　編

第 Ⅱ 部　実　践　編

● BOX 部分一覧

第Ⅰ部

基 礎 編

第1章

金融論とは

1.1 なぜ金融論を学ぶのか

　私たちは日々,知らず知らずのうちに,金融機関や金融商品に触れている。しかし,その先にある金融機関の活動について深く考えることは滅多にない。ましてや,金融機関に託した自分のお金がどのように利用され,社会を豊かにしているのかなどということに思いを致すことはほとんどない。

　多くの大学で経済学の授業が開講されている。また,経済学部やビジネス系の学部では,経済学が必修科目となっているところも多い。しかし,経済学の授業では,財サービスの生産と分配に多くの時間が割かれ,金融について詳しく論じられることはない。金融論の授業は一部の興味のある学生が選択科目として履修するものと見なされている。経済やビジネスを専攻するほとんどの学生が,金融に関する基礎的な知識を身に着けることなく,実社会に放り出されていくのである。

　こうした教育現場における実物経済と金融経済のアンバランスは,経済学の特殊な思考法に原因の一端があるように思われる。経済学の歴史をアダム・スミス以前に遡ると,経済学はむしろ金融論として発達してきたことが分かる。しかし,社会的な富は労働生産物であると定義され,財の生産と分配のメカニズムの解明が経済学の中心的な課題となると,金融の役割はそれらの背後に追いやられてしまった。

　特に，ミクロ経済学で一般均衡理論が完成し，経済学が社会科学の女王ともてはやされるようになると，貨幣は実物経済のベールに過ぎないとされた。大学の授業でも金融論は第二義的な役割しか与えられなくなった。そこでは，実物取引が進行する中，金融取引は何の支障もなく行われることが当然であると仮定された。情報の経済学の発達によって金融論が脚光を浴びた時期もあった。しかし，それがマクロ経済の動向を大きく左右するような論点であるとは受け止められなかった。

　一方，そうした経済学の進展とは裏腹に，現実の経済は金融危機，通貨危機に悩まされ続けている。その最たるものが 2007 年に勃発した世界金融危機である。この大恐慌以来の金融危機に直面して，金融セクターを欠いた経済モデルは，政策担当者たちに何ら有効な提言を行うことができなかった。今後も世界経済は深刻な金融危機に悩まされ続けるだろう。金融の専門家のみならず，国民の多くが金融に関する知識を身に着け，来るべき危機に備える必要がある。

　金融論では，基礎的な知識を一通り身に着けること，そして，そうした知識を組み合わせることによって金融システムの全体像を自分なりに構築することが重要である。金融論の手ほどきを一度も受けたことのない者が，すべての論点を限られた時間の中で習得することは不可能であるし，必要でもない。核となるいくつかの考え方をマスターし，その応用として様々な金融商品について理解を深めていけば十分である。複雑な金融商品も，その本質は意外に単純であることが多い。そこに気付くことが金融を理解するということであり，そのための近道は基本に立ち返って自ら考えるということである。

　本書で紹介される理論は，筆者が日本銀行の調査・研究・実務を通して，その有用性を確認したものである。中央銀行員にとっては，現実を理解するのに役立ち，政策立案に役立つ理論の方が，学問としての新奇性よりも重要である。この意味で本書は最新の金融理論を紹介するものではない。しかし，近年の金融政策における革新が，どのような理論を消化・吸収することによって生み出されてきたのかを理解する手掛かりとなるだろう。

　なお，金融論を理解するのに難しい数学は必要ない。数式を見たとたん

に思考停止する人は少なくないようだ。また，そこまで数式アレルギーで
はないにしても，金融論は使っている数学が難し過ぎて手が出ないと言う
人は多い。しかし，金融論が難しいと感じるのは数学のせいではない。金
融論が難しいと感じるのは，その背後にある独特な考え方のせいである。
その考え方さえマスターすれば，金融論は決して難しいものではない。

1.2　金融論の主要トピック

■債券と株式の価格付け

　金融論の初学者が最初に躓くのは，金利と債券価格が逆方向に動くメカ
ニズムである。金利が上昇すると債券価格は下落し，逆に，金利が低下す
ると債券価格は上昇する。この関係は多くの人にとって直感に反するもの
らしい。確かに，この関係を理屈なしに，すんなりと受け入れられる人は，
実際に債券運用を行っている人か，毎日テレビのマーケット情報番組を見
ている人だけであろう。

　割引現在価値の概念を理解してしまえば，金利と債券価格の関係は何ら
不可思議なものではない。しかし，この割引現在価値という概念が曲者な
のである。なぜ将来のお金を現在のお金に引き直すのに，金利で割り引か
なければならないのか。その理屈を日常生活から自然に体得できた人は金
融の天才である。割引現在価値の概念は，金融論の原理（プリンシプル）
として学習するのが，多くの人にとって一番の近道である。

　金利と債券価格の関係が分かれば，金利と株価の関係を理解するのは容
易である。ただ，株式の配当は，債券のクーポンのように予め決められて
いる訳ではなく，企業の収益に左右される。このため，株価は投資家の期
待にも大きく依存することとなる。株価が経済のファンダメンタルズから
乖離するバブルは，投資家の楽観的な期待が原因で発生する。本書では，
そのメカニズムをできるだけ分かりやすく説明しよう。

■リスクとリスク・ヘッジ

金融取引の基本は，現在のお金と将来のお金の交換である。借り手の事業が成功すれば，貸し手に契約どおりの返済が行われる。しかし，失敗すれば，契約どおりに返済されないかもしれない。このように，金融取引には常にリスクが付きまとっている。リスクとリターンはトレードオフの関係にあり，投資家はその制約の中で最善の選択を行う。

金融商品には，リスク回避（リスク・ヘッジ）を目的とした商品も存在する。先物，スワップ，オプションなどの金融派生商品はその代表的なものである。本書は，それらが購入者のリスクを取り除く基本的なメカニズムを解説する。なお，本書は金融工学の解説書ではないので，オプション取引のブラック・ショールズ・モデルなど，金融派生商品の価格を数学的に導くことはしない。本書の目的は，あくまでリスク・ヘッジがどのようにして可能となるかを説明することにある。

■金融仲介と規制監督

資金の最大の貸し手は家計である。しかし，家計は金融の専門家ではないし，一人ひとりの資金量が小さく，株や債券に投資するだけの余裕はない。このため，ほとんどの家計にとっては，銀行預金が唯一の貯蓄手段である。銀行は，家計に代わって，貸し出しを行う前に企業の信用度を審査し，貸し出した後は企業をモニターし，満期が来ると資金の回収を行う。何より，個々の家計から預かった資金をまとめることによって，大きなプロジェクトに投資することを可能にする。本書ではこうした銀行の役割を情報の経済学から得られた知見を基に解説する。

銀行業は極めて脆弱な基盤の上に成り立っている。このため，金融自由化によって，突然，競争環境に放り出されると，営業基盤の弱い銀行は破綻を免れなくなる。さらに，一つの銀行の破綻が他の銀行にドミノ式に伝染すると，金融システム全体の不安定化につながりかねない。こうしたシステミック・リスクに対処するため，政府・中央銀行は様々なセーフティーネットを用意している。本書では，それらの役割についても解説を行う。

■金利・物価の決定理論

　債券価格や株価は，金利，産出量，物価など，経済のファンダメンタルズとそれらに対する人々の期待を反映して決まる。それでは，経済のファンダメンタルズはどのようにして決まるのであろうか。これらの変数を決定するために，ミクロ経済学，マクロ経済学を問わず，いくつもの経済モデルが開発されてきた。しかし，戦後，学界・政府の考え方に決定的な影響を与えたのはケインズ経済学であり，その核をなす IS-LM モデルである。

　1970 年代，2 度のオイルショックを契機にスタグフレーション（インフレーションと不況（スタグネーション）の同時発生）が発生すると，物価の理論に注目が集まった。ケインズ経済学で物価変動を説明する役割を担っていたのはフィリップス曲線であった。アルバン・W・フィリップスによって発見されたオリジナルのフィリップス曲線は，賃金変動率と失業率の関係を説明するモデルであったが，その後いくつもの変遷を経て，現代のニューケインジアン・フィリップス曲線に受け継がれている。本書では，こうしたフィリップス曲線の発展の歴史を振り返ることにする。

　現在，IS-LM モデルに代わって，ニューケインジアン・モデルが学界の主流となっている。このモデルはミクロ経済学的な理論モデルから数学的に演繹されたもので，学部の学生には容易に手が出せない代物だ。しかし，そこから導かれる結論は IS-LM モデルから得られるものと大きく変わらない。そこで，本書の前半では，オーソドックスな IS-LM モデルを使って，マクロ経済がどのように動くのかを大まかに理解することを目標とする。その上で，本書の後半で，ニューケインジアン・モデルを導入し，議論の幅を広げることにする。

■国際金融

　金融のグローバル化が進展した今日，国際金融の理解は不可欠となっている。国際金融の領域では，早くから理論的な定式化が進んでいたため，洗練された議論が多い。また，直感的に理解しやすいというのも，国際金融論の特徴である。本書でも国際金融の基礎的な理論を紹介するので，是

非習得してもらいたい。

　応用問題として，為替レート，金利，産出量の同時決定についても説明を行う。IS-LM モデルの国際経済学への拡張といえば，マンデル・フレミング・モデルが有名である。しかし，本書では，クルーグマン・オブストフェルト・メリッツの教科書[1]などで取り扱われている DD-AA モデルを紹介する。このモデルは，国際金融の基礎理論を巧みに IS-LM モデルに組み込んだものであり，国際金融を総合的に理解するのに最適である。

■ 金融政策の理論と実際

　金融システムの相当部分が自由化された現代では，短期金融市場における政策金利の調節（公開市場操作）が金融政策の中心的な手段となっている。例えば，日本銀行はコール市場におけるコールレート，米国連邦準備制度は FF 市場における FF レート（フェデラルファンド・レート）を政策金利として操作している。政策金利の操作を通じて民間金融機関の貸し出し行動に影響を及ぼし，景気をコントロールする政策は金利政策と呼ばれる。

　しかし，1990 年代，経済活動の低迷が続く中，コールレートがゼロ％にまで落ち込み，日本経済は流動性の罠に陥った。そこで，日本銀行は金利を政策手段として使用する伝統的金融政策から，量的指標（マネタリーベース）を操作変数とする非伝統的金融政策へと舵を切った。また，2000 年代に入ると，欧米でも，世界金融危機や欧州政府債務危機への対処として量的緩和政策が実施された。その過程で，国債の大量買い入れやフォワード・ガイダンスなど，次々と新しい政策手法が生み出された。本書ではそうした新しい金融政策手法についても解説する。

　なお，現代の金融政策理論を理解するには，自然利子率という概念が不可欠になっている。自然利子率は，物価や景気に対して中立的な実質利子率と定義される。理論的には，中央銀行はこの自然利子率を基準として実

---

[1] Paul R. Krugman, Maurice Obstfeld, Marc J. Melitz, *International Economics: Theory and Policy*, 10th edition, Pearson Education, Inc.（邦訳『クルーグマン国際経済学　理論と政策』，原著 10 版，山形浩生・守岡桜訳，丸善出版株式会社）。

質金利をコントロールし，経済活動に影響を及ぼすと考えられている。これを実際の金融政策と対応させるために開発されたのがテイラー・ルールである。本書では，このルールを使いながら，現代マクロ経済学の主流となっているニューケインジアン・エコノミクスについて入門的な解説を行う。

■金融危機の歴史と教訓

　金融危機は，金融システムが暴走し，機能不全に陥る市場経済の病である。資産バブルの発生と崩壊はその最たる例である。かつて資産バブルは，人間の非合理的な行動が引き起こすものと考えられていた。しかし，経済学における膨大な研究から，市場経済における人々の合理的な行動に，バブルを生みだす要素が内包されていることが明らかになってきた。このことは，市場経済を利用する私たちにとってバブルはほぼ不可避であることを意味している。したがって，私たちにできることは，バブルが発生しても，それを膨張させないよう，バブルと上手に付き合っていく術を探ることである。

　歴史上発生したバブルを仔細に調べてみると，様々な顔をしたバブルもその本質は同じものであることが多い。特に，バブルは政府の規制改革が契機となって発生することが多い。例として，本書では，1990年代の日本経済の低迷を決定づけた平成バブルを紹介する。また，海外のバブルの例として，米国が引き起こした世界金融危機を紹介する。そこでは，サブプライムローン市場という小規模な市場がなぜ全世界にバブルの種をまき散らすことになったのか，そのメカニズムを説明する。さらに世界金融危機に続けて発生した欧州政府債務危機について，その沈静化がなぜ困難だったのか，その背景をユーロという通貨制度から解説する。

　近年の金融危機の特徴は，その伝染力の強さである。これは金融グローバル化がもたらした負の側面と言ってよい。もはや金融危機は一国だけの問題ではなく，その予防と沈静化には国際協調が不可欠となっている。本書では，バーゼル銀行監督委員会を中心に，各国の規制監督当局が協調して取り組んでいる国際的な規制監督のルール作りを紹介する。また，世界

金融危機に際し，先進国の中央銀行が協力して世界的なドル不足に対処しようとしたスワップ協定についても解説する。

■金融論の最新トピック

本書では，現代貨幣理論（MMT: Modern Monetary Theory）や仮想通貨といった最新の議論も取り上げる。MMT は国家の債務とは何かを改めて問うている。MMT は，「財政の健全性」という曖昧な表現に疑問を投げかける。そして，通貨発行者としての国家の債務は，通貨の利用者である国民の債務とは別物であると主張する。整然と議論を展開する MMT 派に対し，MMT をとんでもない議論として退けようとする学者の方が感情的になっているように見える。本書では，この論争を理解するために必要な基礎知識を読者に提供する。

また，仮想通貨の登場も，貨幣とは何なのかを再考するよい機会となった。仮想通貨は，インターネット上で流通する「貨幣」である。貨幣は国家が発行するものという常識を打ち破る存在として注目が集まっている。当初，一過性のものであり真剣な議論に値しないと言う人も多かったが，仮想通貨の代表的な存在であるビットコインは，誕生から 10 年以上が経過した現在でも取引が続いている。それどころか，イーサリアムをはじめ新しい仮想通貨が次々と誕生している。ただし，仮想通貨は交換手段として普及しているとは言い難く，既存の通貨を代替するものとしては未知数である。

1.3　本書の構成

本書は主に大学の経済学部やビジネス系学部の学部生を対象として書かれているが，現代の金融について基礎的な知識を得たいと思っている社会人にとっても有用であろう。また，本書はあくまで金融論の入門書であるが，金融政策の実務に関する章については，実際に政策の現場にいたもの

が書いたものとして，専門家にとっても参考になるだろう。

　本書は，本章を含めて，2 部，18 章から構成されている。第 I 部を構成する第 1 〜 10 章は本書の基礎編に当たる。そこでは，債券，株式等，主要な金融市場における価格形成や銀行システムの役割と規制監督について，基礎的な概念と論点が解説される。

　第 II 部を構成する第 11 〜 18 章では，中央銀行による金利操作の実務，金融危機の歴史と教訓，現代貨幣理論（MMT）から見た信用創造，さらには仮想通貨の位置付けなど，第 I 部で学んだ抽象的な概念を中央銀行実務の観点から掘り下げて解説する。この意味で，第 II 部は本書の実践編と呼んでもよい。

　通年の講義であれば，第 I 部と第 II 部をすべてカバーすることができるであろう。1 学期のみの講義であれば，第 I 部を毎週 1 章ずつ一通りカバーして金融システムの全体像を理解し，残りの週に第 II 部から数章をピックアップして，実務的な観点から基礎固めを行うための材料として利用することができる。また，他の教科書の副読本として第 II 部を部分的に利用することも可能である。

　もちろん，近年の金融政策の展開について知りたいと思っているすべての人に本書を読んでもらいたいと思っている。そうした読者のほとんどは，金融の専門家であるか，すでに金融について相当の知識を蓄積している学習者と思われる。そうした金融論の上級者は，第 I 部をスキップして，すぐに第 II 部に進んで構わない。

第2章

金融システム

　金融機関や金融市場，そこで取引される金融商品，そして，それを売買する経済主体，これらすべてを含めて金融システムと呼ぶ。本章では，金融システムがどのように機能しているかを鳥瞰しながら，金融の基本用語を学ぶ。

　最初に，金融が経済においてどのような役割を果たしているかを解説する。そこでは，財サービス市場が資源の効率的な配分を通して社会厚生を高めるのと同様，金融市場も効率的な資金配分を通して社会厚生の向上に寄与していることを示す。

　次に，多様な金融取引を円滑に遂行するために用意された様々な取引形態を概観する。どの金融商品がどの市場で取引されるのか，取引を円滑に進めるためにどのような人々が関わっているのか，具体的なイメージが湧くように解説を行う。

　金融とは，第一義的には，金融商品と貨幣の交換に他ならない。その際，貨幣として使われている資産は現金だけではない。むしろ，銀行預金が貨幣として使われることの方が多いだろう。本章では，マネーストック統計の分類を参照しながら，様々な貨幣をマネーネス（貨幣らしさ）という観点から順序付けする。

　本章では，マネーストックと中央銀行によって供給されるマネタリーベースとの違いについても詳述する。マネタリーベースは，中央銀行がその発行量を調節することによって政策金利を操作する手段である。一方，マネーストックは，民間銀行が政策金利の変化を受けて貸し出し行動を変化

させる結果，増減するものである。

　最後に，資産の流動性について解説する。どのような資産の流動性が高く，どのような資産の流動性が低いのか，一般的な目安を示す。そして，流動性という概念が金融システムの安定性と深く関わっており，政府・中央銀行は金融システムの安定のために様々な流動性維持策を講じていることを指摘する。

2.1　金融の役割

■効率的な資金配分

　金融とは「お金」を「融通」すること，つまり，お金を貸したり，借りたりすることである。金融によってお金は必要なところへ流れていく。しかし，金融は慈善活動ではない。貸し手は，できるだけ金利が高く，安全な借り手に資金を委ねようとする。これによって，効率的な資金配分が達成される。そして，効率的に配分された資金に引き寄せられ，労働，設備などの実物資源が効率的に配分される。これが金融の最も重要な機能である。バーナード・デ・マンデヴィル（オランダ生まれのイギリスの精神科医・思想家，『蜂の寓話』の著者）が発見した「私悪」が「公益」を実現する世界は，金融活動によって促進されているのである。

　最終的な資金の出し手は，所得が支出より大きいことから，黒字主体と呼ばれる。また，最終的な資金の取り手は，支出が所得より大きいので，赤字主体と呼ばれる。ここでの「黒字」，「赤字」という言葉には「良い」，「悪い」という意味合いはない。例えば，ある企業が赤字主体だからといって，必ずしも経営に問題がある訳ではない。創業間もない企業は，内部留保が十分ではないので，赤字主体であることが多いが，これからの成長が期待できる。一方，黒字主体だからといって，必ずしも経営が好調なことを意味する訳ではない。売り上げが振るわなくなった企業は，自ら投資して規模を拡大するよりも，売り上げが好調な企業に資金を貸し出した方が有利

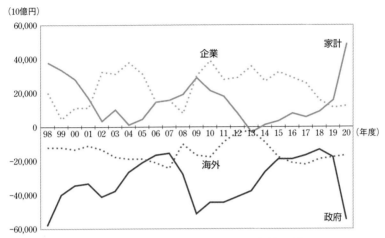

図2.1　黒字主体と赤字主体

(注)　縦軸は国民経済計算における制度部門別の「純貸出(＋)／純借入(−)」を示す。
(出所)　内閣府

ならば，黒字主体になることを選択する。

　家計も景気によって黒字主体になったり，赤字主体になったりする。家計はできるだけ消費水準の変動を回避し，平準化しようとする傾向がある。一方，所得水準は景気とともに大きく変動する。好況になればボーナスが増え，所得は消費を上回る（黒字主体）。しかし，不況になればボーナスは減り，勤め先が倒産すると，所得がなくなることもある。家計が貯蓄を取り崩して対応すると，消費は所得を超える（赤字主体）。

　ミクロ経済学の観点から個々の家計を見ると，黒字主体であったり，赤字主体であったりする。しかし，マクロ経済学の観点から集計値を見ると，家計は黒字主体であるのが一般的である（図2.1）。企業は一般に赤字主体であると考えられてきたが，近年の日本では，企業が黒字主体になっている。1980年代，高度成長期が終わりを迎え，安定成長期に入った日本では，企業は内部留保された資金（内部資金）の範囲内で経営を行うようになり，銀行からの借り入れ（外部資金）を避けるようになった。また，政府は赤字主体であることが多い。かつての政府は均衡財政を原則としていたため，

赤字主体でも，黒字主体でもなかった。しかし，現代の政府は歳入よりも歳出が大きいことが常態化しており，赤字主体となっている。最後に，海外部門は，日本の経常収支が黒字であることを反映して，赤字主体となっている（黒字主体ではないことに注意しよう）。

■リスクの軽減

　私たちは，金融商品の価値を評価する際，無意識のうちに様々な要素を考慮に入れている。なかでも，リターン（利回り）とリスク（危険性）は，資産運用を行う際の最も重要な判断材料である。私たちは誰も確実に未来を見通すことはできない。そして，金融取引が現在のお金と将来のお金の交換である以上，私たちは不確実性から逃れることはできない。金融論では不確実性をリスクと呼んでいる。リスクには様々な種類がある。金利が変動する金利リスク，借り手が債務を履行できなくなる信用リスクは代表的なリスクである。

　リスクを軽減するためにも，金融は重要な役割を果たしている。リスク軽減の伝統的な手法は分散投資である。「卵は一つの籠に盛るな」という格言はあまりにも有名である。一つの企業に集中的に投資した場合，その企業が倒産してしまうと，すべての資金が失われる。しかし，複数の会社に分散投資した場合は，一つの投資先が倒産しても，別の投資先の業績が良ければ，全体として収益を上げられるかもしれない。

　分散投資は，リスクを軽減するために考案された多くの手法の一つに過ぎない。金融商品の中には，オプション，スワップなど，リスク回避を目的としたものがある。これらは金融派生商品（デリバティブ）と呼ばれ，買い手は対価（プレミアム）を払ってリスクを回避する。これをリスク・ヘッジという。一方，売り手はリスクをとって対価を得る。したがって，金融派生商品は，お金を払ってでもリスクを減らしたい人と，お金を受け取れるのならリスクを引き受けてもよい人の間で行われるリスク・シェアリングの手段と考えられる。これも金融の重要な機能である。

2.2　金融取引の分類学

■直接金融と間接金融

　最終的な資金の出し手と最終的な資金の取り手の間を取り持つ組織を金融仲介機関と呼び，銀行はその代表的な存在である。金融仲介機関を通して行われる取引を間接金融という。これに対し，金融仲介機関を介さないで行われる取引は直接金融と呼ばれる。直接金融は，有価証券の売買という形を採るのが一般的である。例えば，資金調達を行う際，企業は銀行から借り入れを行う他に，社債や株式などの有価証券を発行することができる。その有価証券の販売は，証券会社などに委託することが多い。

　取引の仕組み自体は，直接金融の方が間接金融よりも単純に見える。しかし，直接金融が有効に機能するためには，投資家保護のための情報開示，格付け機関による信用評価など，金融のインフラストラクチャーが不可欠である。何より，国民の金融リテラシーが一定の水準を超えていないと，直接金融が普及することはない。こうした条件が整っているのは一部の金融先進国に限られる。このため，政府による金融機関の規制監督を通して取引の安全性を確保できる間接金融の方が，直接金融よりも取引シェアが大きい。

　銀行や証券会社以外の事業体も金融取引の幅を広げるのに役立っている。例えば，生命保険会社は，個人に生命保険を販売することによって資金を調達し，それを様々な金融資産で運用することによって，生命保険の購入者に保険金や配当の支払いを行う。年金基金は，年金原資を運用し，そのリターンから年金を支払っている。これら機関投資家と呼ばれる金融機関は，銀行よりも長期の金融を担っており，金融システムになくてはならない存在である。

■取引所取引と店頭取引

　金融は，取引される場所によって，取引所取引と店頭取引に分けられる。

取引所と聞いて直ちに思い出されるのは東京証券取引所だろう。そこで取引されているのは株式である。ただし，取引所で取引される上場株は取引所が定める一定の基準を満たしたものに限られ，株式の多くは非上場株である。

　これに対し，取引所を介さず，銀行や証券会社などで，相対で行われる取引を店頭取引という。企業の債務証書である社債は店頭取引されるのが一般的である。外国為替も店頭取引されるのが一般的であるが，取引所で取引されているものもある。オプションやスワップなどの金融派生商品も，顧客の様々なニーズに対応するため，店頭取引が多い。

　国債については，現物を扱う取引所は存在せず，店頭取引が一般的である。ただし，将来の国債の取引を現時点で約定する先物は取引所で取引される。そこでは，クーポン（利息引換券），満期，限月（決済日）などを規格化した標準物と呼ばれる仮想の商品が取引されている。決済日には，反対売買をして清算する差金決済と実際に現物を受け渡す現物決済がある。後者の場合は，予め決められた方法で標準物の価格を現物価格に変換するという工夫がなされている。

　なお，店頭取引も取引所取引も市場取引である。経済学一般におけると同様，金融論の市場は具体的な市場ではなく，抽象的な取引の場を指している。

■発行市場と流通市場

　一般の人々が金融市場に参加するのは容易なことではない。そこで，多くの場合，市場のプロに取引を依頼することになる。市場にはブローカーやディーラーと呼ばれる金融取引のプロがいる。ブローカーは投資家の注文を市場につなぎ，取引の仲介を行い，仲介手数料を受け取る。これに対し，ディーラーは自ら在庫を抱え，そこから投資家の注文に応じて証券を売買する。ディーラーの収益源は，証券を安く買って高く売る鞘取りによって得られる

　市場には発行市場と流通市場という区別がある。国債を例にこれらの違いを説明しよう。政府は入札によって国債を発行する。これを発行市場と

かプライマリーマーケット（一次市場）と呼ぶ。そして，発行市場に参加するディーラーをプライマリーディーラーと呼ぶ。プライマリーディーラーは，国債の安定的な消化を目的に設けられた制度である。プライマリーディーラーになれば，応札（入札に応じること）や落札（買い入れること）の義務が生ずるが，それに応じた特典を受けられるというメリットがある。

　発行された国債の一部は転売される。その市場を流通市場とかセカンダリーマーケット（二次市場）と呼ぶ。流通市場には，多数のブローカーやディーラーから，売り注文と買い注文が集まってくる。これらをマッチングさせて売買を成立させることをマーケットメイクという。ここでも，プライマリーディーラーは重要な役割を演じている。すなわち，自らマーケットメイカーとなって，売り気配（売り値）とその枚数（金額），買い気配（買い値）とその枚数を提示し，積極的に取引を成立させるのだ。このことは国債の流動性を高めることに役立っている。

■直物市場と先物市場

　現物の商品・資産を取引する場所を直物市場と呼び，そこで成立する価格を直物相場とか直物レートと呼ぶ。国際線の空港ロビーには，円を外国通貨に交換してくれる銀行ブースが設けられている。米ドルなど，主要な通貨であれば，その場ですぐに手に入れることができる。その際に適用される為替レートが直物相場である。これに対し，将来の商品・資産を取引する市場を先物市場と呼び，そこで成立する相場は先物相場とか先物レートと呼ばれる。

　日本を含め，変動為替相場制を採っている国では，直物相場が1か月，3か月，半年と同じ水準に止まることを期待しても無駄である。直物相場は時々刻々と変化しており，どこに落ち着くのか，予想するのは困難である。これに対し，先物相場は現時点で確定しており，将来，直物相場がどのように変化しようと，先物相場は変化しない。これが，先物取引がリスク・ヘッジ（回避）に役に立つ理由である。

　先物取引されるのは外国為替だけではない。先に説明した国債や株式も先物市場で取引される。金属や農産物など，金融商品以外にも，先物市場

が存在する。ちなみに，日本における先物取引の歴史は古く，江戸時代にはすでに大坂の堂島米会所でコメの先物取引が行われていた。

2.3 資産の分類学

■安全資産と危険資産

リスクの程度は資産によって異なる。リスクが高い資産は危険資産と呼ばれ，リスクが低い資産は安全資産と呼ばれる。リスクが高い資産は人気がないので，リターンを高くしないと売れない。逆に，リスクが低い資産は皆が欲しがるので，リターンが低くても売れる。このため，危険資産はハイリスク・ハイリターンになり，安全資産はローリスク・ローリターンになる。

株式は，企業の収益が大きければリターンも大きいが，収益が出ないときは配当されないし，企業が破綻すれば紙くず同然になる。このため，株式は危険資産の代表と見なされている。これに対し，社債は予めリターンが固定されているものの，企業が破綻したときに優先的に弁済される。特に，国債は典型的な安全資産であり，リターンは小さいが倒産リスクは実質的にゼロである。

上記の危険資産と安全資産という評価は，資金の出し手からの評価であり，資金の取り手から見た評価は逆になる。社債発行（あるいは銀行借り入れ）で資金調達を行った場合，売り上げ不振で資金繰りが苦しくなると，元本の返済や利子の支払いが約定どおりにできなくなり，倒産の危機に陥る可能性がある。借り手にとって社債は危険な資金調達手段なのである。一方，株式発行で資金調達した場合は，元金を返済する必要はないし，利益が出なければ配当する必要もない。借り手にとって株式は安全な資金調達手段なのである。なお，厳密には株式ではないが，株式発行に近い資金調達手段を資本性負債と呼び，規制上，借り手から見て安全な資金調達手段にカウントされる。

■ 流動資産と非流動資産

　流動性という言葉は多くの人にとって馴染みが薄いかもしれない。流動性は売却の難易度を表す言葉で，市場流動性と呼ばれることもある。最も流動的な資産はお金，すなわち，貨幣である。逆に，最も流動性が低く，非流動的な資産は，おそらく持ち家であろう。

　一般に，株式，債券，外国為替などの金融資産は，商品在庫（動産），土地，家屋，工場（不動産）などの実物資産よりも，流動性が高い。また，金融資産の間でも，取引所で取引される資産の方が，取引所を介さない資産よりも流動性が高い。例えば，上場株式の方が非上場株式よりも流動性が高い。社債の場合，不特定多数から資金を調達する公募債の方が，特定の人を対象に販売した私募債よりも流動性が高い。

2.4　貨幣の分類学

■ マネーネス

　金融取引は，第一義的には，金融商品と貨幣との交換である。しかし，一口に貨幣といってもその形態は区々である。そこで，様々な貨幣をマネーネス（moneyness）という概念によって順位付けすることが行われている。マネーネスは，様々な貨幣の流動性と言ってもよい。

　最も貨幣らしい資産はもちろん「現金」（硬貨，日本銀行券）である。また，いつでも現金と交換可能な「要求払い預金」（当座預金，普通預金）も，現金と同等と見てよい。実際，金額の大きい商取引では，要求払い預金によって決済が行われ，現金を介さないことが多い。マネーストック統計では，これらを M1 と呼んでいる（図 2.2）。

　定期預金は，普通預金に変えるには少し手続きが必要だし，満期前に解約すると金利が減じられることがある。したがって，現金と比較すると，少しマネーネスが劣る。ドル預金など外国通貨建ての「外貨預金」も，そのままでは決済に使えない。また，銀行が発行する無記名の定期預金で譲

図 2.2　マネーストック統計におけるマネーの分類

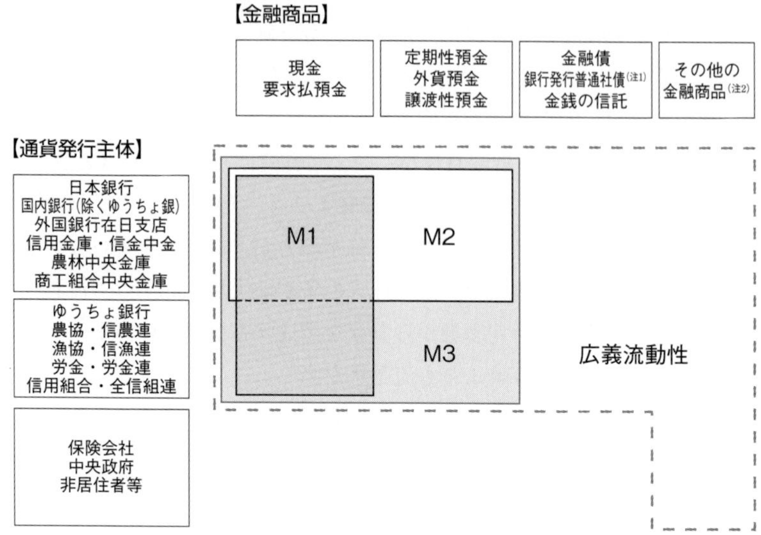

【金融商品】

現金 要求払預金	定期性預金 外貨預金 譲渡性預金	金融債 銀行発行普通社債(注1) 金銭の信託	その他の 金融商品(注2)

【通貨発行主体】

日本銀行
国内銀行(除くゆうちょ銀)
外国銀行在日支店
信用金庫・信金中金
農林中央金庫
商工組合中央金庫

ゆうちょ銀行
農協・信農連
漁協・信漁連
労金・労金連
信用組合・全信組連

保険会社
中央政府
非居住者等

M1　M2

M3　広義流動性

(注 1)　国内銀行を主たる子会社とする持株会社による発行分を含む。

(注 2)　金融機関発行 CP, 投資信託(公募・私募), 国債, 外債

(出所)　日本銀行調査統計局「マネーストック統計の解説」(2021 年)

渡可能なものを「譲渡性預金」(CD：Certificate of Deposit)と呼ぶが，これも現金と同等とは言えない。このように，現金よりも少しだけマネーネスが劣る預貯金を M1 と合わせて M3 と呼んでいる。

　なお，M3 にはゆうちょ銀行が含まれるが，ゆうちょ銀行を含まないものを M2 と呼んで区別している。マネーストック統計の前身であるマネーサプライ統計には「M2 + CD」と呼ばれる分類があり，マネーの分析には主にこの分類を用いていた。M2 というカテゴリーがあれば，過去の分析との連続性を維持することができるため，金融を学ぶ者にとって大変有益である。

　この他，銀行発行の「社債」，「金銭の信託」，金融機関の発行する「コマーシャルペーパー」(CP：企業が無担保で発行し，将来の返済を約束した短期有価証券)，さらには，「投資信託」，「国債」，「外債」なども，貨幣か

ら遠くない存在であると考えられている。そこで，マネーストック統計では，M3 にこれらを加えて，広義流動性と呼んでいる。「資金」という言葉を使う場合，広義流動性を指していることが多い。

■ マネタリーベースとマネーストック

　マネーストックと似て非なるものにマネタリーベース（あるいはベースマネー）というものがある。マネタリーベースは，主に日本銀行が供給している貨幣のことである。マネタリーベースは，日本銀行券（紙幣），流通貨幣（硬貨），そして，民間金融機関が日本銀行に預けている日本銀行当座預金の三つから構成されている。

　これに対し，マネーストックは，家計や企業などの非金融部門が保有している貨幣のことである。したがって，マネタリーベースのうち，日本銀行当座預金と金融機関が保有している日本銀行券と流通貨幣は，マネーストックに含まれない。マネーストック統計に M1 として計上されているのは，日本銀行券と流通貨幣のうち金融機関が保有していない部分だけである。

　なお，インフレ率をコントロールするには，マネーストックをコントロールしなければならない。しかし，中央銀行が直接コントロールできるのはマネタリーベースであって，マネーストックではない。マネーストックのうち M1 の大宗を占める銀行預金は，民間銀行が貸し出し行動を通じて，自らの判断で供給したものであり，中央銀行が自在に操作できるものではない。

　マネタリーベースを構成する日本銀行当座預金は，金融機関以外の経済主体にとっては貨幣ではないが，金融機関にとっては正真正銘の貨幣である。金融機関同士の決済は，もっぱら日本銀行当座預金の振り替えによって行われる。この処理を行うために日本銀行によって提供されているのが日銀ネット（正式名称「日本銀行金融ネットワークシステム」）である。一般の人にはイメージし難いかもしれないが，日本銀行当座預金を出し入れする ATM のようなものだと考えればよい。

2.5　景気と金融の安定

■金融政策

　金融機関は日々の業務を行う中で，資金に余剰が生じたり，不足が生じたりする。このような場合，金融機関はインターバンク市場を通して資金を融通し合う。日本ではコール市場がこれに当たる。金融機関は，余剰資金が生ずるとコール市場で資金を運用し（資金供給），資金が不足するとコール市場で資金を調達する（資金需要）。

　コール市場への資金供給が需要よりも多くなり，コールレートが低下する場合には，日本銀行が資金を吸収する。逆に，コールレートが上昇する場合には，日本銀行が資金を放出する。これによって，マネタリーベースの構成要素である日本銀行当座預金が増減する。日本銀行は，この金融市場調節によってコール市場に発生するショックを吸収し，金融市場全体の安定性を維持している。

　また，日本銀行は，景気が過熱するとコールレートを高めに誘導し，逆に，景気が冷え込むとコールレートを低めに誘導する。このように，日本銀行は，金利をコントロールすることによって，金融機関の貸し出し行動を変化させ，マネーストックをコントロールし，景気の浮き沈みを均そうとしている。ただ，先にも述べたように，マネタリーベースによるマネーストックのコントロールはいつも日本銀行の意図するままになる訳ではない。

■プルーデンス政策

　金融商品は，将来の支払いを約束する証文である。残念ながら，その約束は常に守られるとは限らない。約束どおりに利払いや元金の返済ができなくなることを債務不履行（デフォルト）という。また，デフォルトした債権は不良債権と呼ばれる。

　債務不履行は様々な角度から金融システムに悪影響を及ぼす。特に，多

くの借り手が債務不履行に陥ると，金融システム全体が機能不全を起こす可能性がある。こうしたリスクをシステミック・リスクと呼ぶ。システミック・リスクが意識されると，資金の出し手が疑心暗鬼に陥り（カウンターパーティーリスク），既存の金融商品が一斉に流動性を失う。さらに，発行市場でも買い手が付かなくなると，金融市場は完全に機能不全に陥る。

　政府・中央銀行は，こうした金融システムの不安定化を未然に防ぐため，厳しい金融規制を設けると同時に，日頃から金融機関の監督を行っている。また，金融システムが不安定化しても，その影響を最小限に食い止め，早期に沈静化を図るために，様々なセーフティーネットを用意している。しかし，政府・中央銀行によるセーフティーネットの提供は，民間金融機関のモラルハザードを招く可能性があり，注意が必要である。

第3章

債券市場

　債券とは，資金の借り手が貸し手に発行する借金証書である。そして，債券市場とは，それが売買される市場のことである。債券市場では債券価格が決定される。金融論の初学者にとって，債券価格という言葉は耳慣れないかもしれないが，金利という言葉は聞いたことがあるだろう。債券価格と金利の間には密接な関係がある。一般に，金利が上昇すると，債券価格は低下する。本章の目的の一つは，こうした金利と債券価格の関係を理解することである。

　資金の貸し借りは，様々な条件の下で行われる。借り入れ期間の長さ（満期）一つとっても，ごく短期で終了するものもあれば，10年を超える長期の契約もある。また，満期が長くなると，途中で利子を支払うこともある。こうした条件の違いは，債券価格にどのように織り込まれるのであろうか。本章では，割引現在価値という概念を用いて，単純な債券から複雑な債券まで，その価格が決定されるメカニズムを順を追って解説する。

　満期が長くなれば，その間に金利水準が変化することもあろう。将来金利が上がるだろうと予想される場合には，満期が長くなるほど，高い金利を提示しないと資金を借りることができない。逆に，将来金利が下がっていくと予想される場合には，満期が長くなるほど低い金利で資金を借りることができる。これは金利の純粋期待理論と呼ばれ，本章で詳しく論じられる。

　また，満期が長くなると，満期が訪れる前に，貸し手の方が資金を必要とする状況になるかもしれない。その場合，貸し手は債券を売って資金を

調達しなければならない。債券を満期まで保有し続ければ、当初の契約どおり、利息を受け取り、元金を取り戻すことができる。しかし、満期前に市場で売却しようとすると、そうはいかない。債券市場が緩んでいれば、安い価格で債券を売らなければならない。そうしたリスクが織り込まれると、金利は高くなり、債券価格は安くなる。

　債券の利回りは、満期ごとに様々な要素を反映して決定される。これを金利の期間構造という。また、満期ごとに債券の利回りを並べたものを利回り曲線（イールドカーブ）と呼ぶ。利回り曲線は、様々な形態の債券を値付けするために使われる。また、その形状は金利環境に関する投資家の予想を反映しており、金融政策運営上も重要な情報を内包している。

3.1　債券価格の基礎

■債券価格と金利

　銀行にお金を預けると定期的に利子が付く。例えば、預金利率が1％のとき、100万円を銀行に預けると、1年後には101万円になる。この100万円を元本と呼び、Pで表すこととしよう。また、1％の預金利率をi（= 0.01）、1年後の利子と元本の合計101万円をXと表記すると、次の式が成立する。

$$X = (1 + i) P \qquad (3.1)$$

この関係式をしっかりと頭に入れておこう。これが金利と債券価格の関係を理解するための基礎となる。

　同じことを債券の問題として考えてみよう。1年後に101万円を受け取ることができる債券があったとする。あなたなら、この債券をいくらで買うだろうか。もちろん100万円である。これは、(3.1) 式を変形した次の(3.2) 式からも明らかである。

$$P = \frac{X}{1 + i} \qquad (3.2)$$

このXを額面，Pを債券価格と呼ぶ。この債券は，額面を金利で割り引くことによって価格が決まっているので，割引債と呼ばれる。割引債は，その価格が投資額になっているのが特徴である。(3.2) 式から，債券価格Pと金利iが逆方向に動くことが分かる。

最後に，(3.1) 式を次のように変形してみよう。

$$i = \frac{X - P}{P} \tag{3.3}$$

この式は，割引債の収益率（右辺）が金利（左辺）に等しいことを意味している。これは割引債の特徴であり，一般には，債券の収益率は金利と同じではない。

■割引現在価値

(3.2) 式は，1年後に受け取るX円は，金利で割り引かれて，現在のP円と等しくなることを意味している。このため，PをXの割引現在価値と呼ぶ。

もう一度銀行預金の話に戻って，あなたは2年間，銀行預金を続けることにしたとする。金利水準が変化しないとすると，2年後のあなたの預金残高Xは，次のように計算することができる。

$$X = (1 + i)(1 + i)\,P \tag{3.4}$$

$P = 100$，$i = 0.01$ とすると，$X = 102.01$ となる。つまり，100万円は2年後に102万100円になる。なぜ102万円ぴったりにならないのだろうか。それは，1年後に利子として支払われた1万円にその後の1年間に100円の利子が支払われるからである。このように利子に利子が付く計算方法を複利計算という。ちなみに，利子に利子が付かない場合は，2年後の預金残高は102万円ぴったりになる。この計算法を単利計算という。

(3.4) 式を変形すると，次の (3.5) 式が得られる。

$$P = \frac{X}{(1 + i)^2} \tag{3.5}$$

この式は，2年後に受け取るXの割引現在価値がPで与えられることを示している。(3.5) 式と (3.2) 式との違いは，分母が2乗になっていることだ

けである。この話を一般化すると，n年後に受け取るXの割引現在価値は，次式で与えられることが分かる。

$$P = \frac{X}{(1+i)^n} \tag{3.6}$$

■利 付 債

(3.6) 式を用いれば，割引債よりも複雑な債券の価格を計算することができる。次のような債券について考えてみよう。その債券は，毎年Y円のクーポン（利札）が付いており，n年後の満期日にはX円が償還される（図

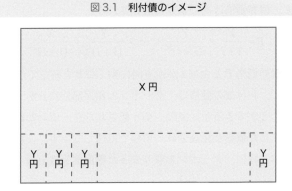

図 3.1　利付債のイメージ

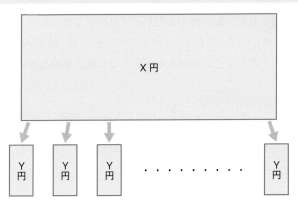

図 3.2　利付債の分解

3.1)。このような債券を利付債という。

　この利付債の価格はいくらになるか，(3.6) 式を使って求めてみよう。そのために，クーポンを額面部分から切り離す（図3.2）。1枚目のクーポンを持っていれば，1年後に Y 円を受け取ることができる。このクーポンの割引現在価値は $\frac{Y}{1+i}$ と計算できる。2枚目のクーポンを持っていれば，2年後に Y 円を受け取ることができる。このクーポンの割引現在価値は $\frac{Y}{(1+i)^2}$ と計算できる。3枚目以降のクーポンの割引現在価値も同様に計算することができる。n 年目の満期日には，n 枚目のクーポン Y 円と額面 X 円を受け取ることができる。この割引現在価値は $\frac{Y}{(1+i)^n} + \frac{X}{(1+i)^n}$ と計算できる。利付債の価格 P は，すべてのクーポンと額面の割引現在価値の合計で与えられる。したがって，債券価格は次のように計算される。

$$P = \frac{Y}{1+i} + \frac{Y}{(1+i)^2} + \cdots + \frac{Y}{(1+i)^n} + \frac{X}{(1+i)^n} \qquad (3.7)$$

ここでも，債券価格 P と金利 i が逆方向に動くことを確認できる。

　このように，利付債の価格は，クーポンと額面部分に分解することによって求めることができるが，実際，切り離されたクーポンと額面部分は，それぞれ独立した債券と見なされ，市場で流通している。これをストリップス債と呼ぶ。特に，クーポンを取り去った額面部分はゼロクーポン債と呼ばれる。

■コンソル債

　永久に償還されず，毎年決まった額が支払われる債券を永久債，あるいは，コンソル債と呼ぶ。これは，クーポンだけがあり，額面部分がなく，満期がない債券と考えることができる。コンソル債の価格は次のように計算される。

$$P = \frac{Y}{1+i} + \frac{Y}{(1+i)^2} + \cdots + \frac{Y}{(1+i)^n} + \cdots \qquad (3.8)$$

これは，初項を $\frac{Y}{1+i}$，公比を $\frac{1}{1+i}$ とする等比級数の和であるから，数列の和の公式を使って次のように計算できる。

$$P = \frac{Y}{i} \tag{3.9}$$

この関係からも債券価格と金利が逆相関することを理解できるだろう。

3.2　金利の期間構造

■イールドカーブ

　ここまでの説明では，満期によらず金利水準は一定であると仮定されていた。しかし，満期が異なれば，金利水準は異なるのが一般的である。横軸に満期をとって，縦軸に対応する金利をとったものを利回り曲線（イールドカーブ）と呼ぶ。

　短期金利よりも長期金利の方が高くなっているケースを順イールド，逆に，短期金利の方が長期金利よりも高くなっているケースを逆イールドと呼ぶ（図3.3）。一般に，満期が1年以内の金利を短期金利，それを超える金利を長期金利と呼ぶ。さらに細かく，1年以内を短期，5年以内を中期，

図 3.3　順イールドと逆イールド

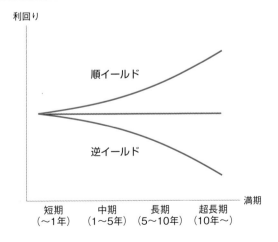

10 年以内を長期，10 年を超えるものを超長期と区別することもある。

　イールドカーブを用いて利付債の価格を求めてみよう。クーポンと額面部分を分離し，それぞれの割引現在価値を合計するという手順は変わらない。ただし，今回は割引現在価値を計算する際の割引金利が一定ではない。それぞれのクーポンや額面部分がいつ支払われるかに応じて異なる金利を用いる必要がある。満期 n 年の債券の金利を $i^{(n)}$ と表記すると，利付債の価格は次のように計算することができる。なお，$i^{(n)}$ の (n) は n 乗ではなく，n 年間固定という意味である。

$$P = \frac{Y}{1+i} + \frac{Y}{(1+i^{(2)})^2} + \cdots + \frac{Y}{(1+i^{(n)})^n} + \frac{X}{(1+i^{(n)})^n} \qquad (3.10)$$

■ 純粋期待仮説

　なぜ満期ごとに金利水準は異なるのであろうか。これまでと同様，あなたは手持ちの P 円を使って，2 年間投資を行おうとしている。ただし，今回は，1 年目の 1 年物金利が i_1 であるのに対し，2 年目の 1 年物金利は i_2^e に変化すると予想されているとしよう。このように，投資期間内であっても，市場の環境に応じて水準が変化する金利を変動金利と呼ぶ。変動金利の場合の投資成果 X は次のように計算される。

$$X = (1+i_1)(1+i_2^e)P \qquad (3.11)$$

　これとは別に，2 年間ずっと $i^{(2)}$ の金利で投資する選択肢もあるとしよう。このように，投資期間内は金利水準が変わらないものを固定金利と呼ぶ。固定金利の場合の投資成果 X は次のように計算される。

$$X = (1+i^{(2)})^2 P \qquad (3.12)$$

　後述するタームプレミアムを無視できるなら，いずれの場合も 2 年間投資するということは同じなので，投資成果は同じはずである。もし固定金利での投資が有利なら，固定金利で運用する投資家が増え，変動金利で運用する投資家が減る。その結果，$i^{(2)}$ は低下し，i_1 と i_2^e は上昇する。これは金利裁定と呼ばれ，(3.11) 式と (3.12) 式が等しくなるまで続く。そして，最終的には次式が成立する。

$$(1+i^{(2)})^2 = (1+i_1)(1+i_2^e) \qquad (3.13)$$

この式は，両辺を対数変換して近似すると，次の直感的に分かりやすい式に変形することができる（対数近似の仕方は BOX3-1 を参照）。

$$i^{(2)} = \frac{i_1 + i_2^e}{2} \tag{3.14}$$

つまり，2 年物の長期固定金利は，2 年分の短期変動金利を平均したものに等しい。

(3.13) 式は，n 年間のケースに容易に拡張することができる。t 時点に成立していると予想される 1 年物の金利を i_t^e とすると，

$$(1 + i^{(n)})^n = (1 + i_1)(1 + i_2^e) \cdots (1 + i_n^e) \tag{3.15}$$

両辺を対数変換して近似すると，

$$i^{(n)} = \frac{i_1 + i_2^e + \cdots + i_n^e}{n} \tag{3.16}$$

つまり，n 年物の固定金利は期間中の 1 年物の金利を平均したものに等しい。これを金利の純粋期待仮説という。

純粋期待仮説は，短期金利の先行き予想とイールドカーブの形状の関係について，重要な含意を持っている。短期金利が上昇していくと予想される場合は，イールドカーブは右上がりの曲線になり，短期金利よりも長期金利の方が高い順イールドとなる。逆に，短期金利が低下していくと予想される場合は，イールドカーブは右下がりの曲線になり，短期金利よりも長期金利の方が低い逆イールドとなる。もし，短期金利が変わらないと予想されれば，イールドカーブは水平になる。

●BOX3-1　対数近似

　皆さんは，おそらく，高校の数学の時間に，対数について学んだはずだ。次の式について考えてみよう。

$$y = \log_e x \tag{1}$$

ここで，e は自然対数の底と呼ばれる定数であり，$e = 2.71828\cdots$である。自然対数は ln という記号を用いて次のように略記される。

$$y = \ln x \tag{2}$$

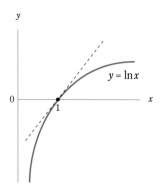

自然対数の近似

　対数のグラフは，図のように，$x=1$ のとき $y=0$ となる。図中の点線は，この点を通り，対数のグラフに接する直線を表している。$x=1$ の近くでは，この直線で対数のグラフを近似することができそうである。そのためには，この直線の傾きに関する情報が必要である。そこで，(2) 式を x で微分すると，

$$\frac{dy}{dx} = \frac{1}{x} \qquad (3)$$

この値は $x=1$ のとき 1 になる。したがって，対数グラフの接線は次式で与えられる。

$$y = x - 1 \qquad (4)$$

したがって，次の近似式が成立する。

$$\ln x \cong x - 1 \qquad (5)$$

$\cong$ は近似的に等しいことを表す記号である。

■タームプレミアム

　ここまでは，投資家は満期が訪れるまで債券を保有し続けると仮定してきた。しかし，経済環境の変化によって，投資計画を変更せざるを得ないことも起こり得る。この場合，投資家は現在保有している債券を市場で売却する必要が生じる。そのとき，どの程度の値段で売れるかは不明である。つまり，満期前に売却する場合，債券は価格変動リスク，あるいは，金利変動リスクを負うことになる。また，市場環境によっては，極めて安い値

図3.4　価格変動リスクと流動性リスクに基づくタームプレミアム

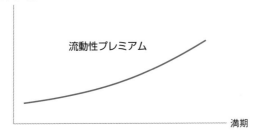

図3.5　特定期間選好理論に基づくタームプレミアム

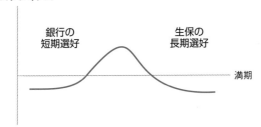

段でしか市場で売れない可能性もある。経済学では，これを流動性リスクという。債券の金利には，リスクに応じたプレミアムが加味される。満期が長くなるほど価格変動リスクと流動性リスクは大きくなるため，タームプレミアムは満期が長くなるほど上昇する（図3.4）。

　また，投資家によっては特定の満期を選好することがある。これを特定期間選好理論（preferred habitat theory）という。例えば，生命保険会社は，生命保険や年金保険など長期間にわたる金融商品を販売している。このため，資産と負債の期間ミスマッチを避けるために，満期の長い債券に投資する傾向がある。このことを反映して，満期が長くなるほど，金利が押し下げられる傾向が生じる（図3.5）。逆に，銀行は預金という流動的な負債を抱えているため，これに対応して資産の満期も短めになっている。加えて近年は，国際的な銀行規制監督の結果，資産の流動性を短く保つこ

図3.6　タームプレミアム付きのイールドカーブ

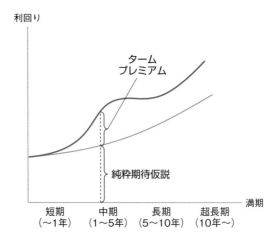

とが求められている。こうした規制の流れを反映して，満期の短い資産が特に選好され，その結果，金利が押し下げられる傾向がある。

　現実のイールドカーブは，純粋期待仮説から得られる金利に上記のタームプレミアム（$\rho^{(n)}$：満期 n 年のタームプレミアム）を加えた水準に決まる（図3.6）。

$$i^{(n)} = \frac{i_1 + i_2^e + \cdots + i_n^e}{n} + \rho^{(n)} \tag{3.17}$$

もしタームプレミアムの影響が強く，満期ごとの特殊性が強まると，純粋期待仮説に基づく金利の関係性が崩れていく。これを市場分断仮説と呼ぶ。

3.3　フォワードレート

■債券の期待価格

投資家が満期前に債券を売却する場合，いくらで売却できるかが問題と

なる。例えば，満期が4年の債券を買って，2年経ったところで売却する
ケースを考えよう。この場合，売却される債券は，クーポンがY，額面が
Xで，満期が2年の利付債と同じになる。したがって，タームプレミアム
を除いて考えると，2年後の債券の期待価格は次のように計算できる。

$$P_2^e = \frac{Y}{1 + i_3^e} + \frac{Y}{(1 + i_3^e)(1 + i_4^e)} + \frac{X}{(1 + i_3^e)(1 + i_4^e)} \tag{3.18}$$

第1項は，1年後のクーポンの割引現在価値であり，それに適用される割
引率は3年目の期待金利i_3^eである。第2項と第3項は，それぞれ，2年後
のクーポンと額面部分の割引現在価値であり，割引率は3年目の期待金利
i_3^eと4年目の期待金利i_4^eを累積したものである。

　(3.18) 式は，フォワードレートという概念を用いて表現することも可能
である。フォワードレートとは，将来のある時点から，その先のある時点
までに適用される累積金利のことである。t年からn年までに適用される
累積金利は，(3.15) 式を用いて，次のように表現することができる。

$$(1 + i_{t+1}^e)(1 + i_{t+2}^e) \cdots (1 + i_n^e) = \frac{(1 + i^{(n)})^n}{(1 + i^{(t)})^t} \tag{3.19}$$

これはフォワードレートの計算公式のようなものである。フォワードレー
トを用いると，(3.18) 式を次のような形に書き換えることができる。

$$P_2^e = \frac{Y}{\frac{(1 + i^{(3)})^3}{(1 + i^{(2)})^2}} + \frac{Y}{\frac{(1 + i^{(4)})^4}{(1 + i^{(2)})^2}} + \frac{X}{\frac{(1 + i^{(4)})^4}{(1 + i^{(2)})^2}} \tag{3.20}$$

この考え方は容易に一般化することができる。満期がn年の債券をt年経
過したところで売却すると，そのときの債券の期待価格は次式で与えられ
る。

$$P_t^e = \frac{Y}{\frac{(1 + i^{(t+1)})^{t+1}}{(1 + i^{(t)})^t}} + \cdots + \frac{Y}{\frac{(1 + i^{(n)})^n}{(1 + i^{(t)})^t}} + \frac{X}{\frac{(1 + i^{(n)})^n}{(1 + i^{(t)})^t}} \tag{3.21}$$

　次に，途中で債券を売却した場合，投資成果はどうなるのかを考えてみ
よう。キャッシュ・フローに着目すると，満期t年で額面がP_t^eの債券に投
資することと同じであることが分かる。したがって，途中で売却する場合

の投資成果 P' は次のように書けることが分かる。

$$P' = \frac{Y}{1+i} + \frac{Y}{(1+i^{(2)})^2} + \cdots + \frac{Y}{(1+i^{(t)})^t} + \frac{P_t^e}{(1+i^{(t)})^t} \quad (3.22)$$

さらに，この P_t^e に (3.21) 式を代入すると，P' は (3.10) 式の P と等しいことが分かる。つまり，債券を満期まで保有し続けても，途中で売却しても，投資成果は変わらない。

　もちろん，この結論には留意すべき点がある。実際は，売却時点までに経済環境が変化し，イールドカーブが変動しているかもしれない。この場合，t 年経過したところで債券を売却しようとしても，P_t^e 円で売れるとは限らない。P_t^e はあくまで将来成立すると予想される価格であることに注意が必要である。

3.4　中央銀行による長期金利の操作

　i_n^e は直接観察することができない変数である。しかし，イールドカーブがあれば，フォワードレートの計算公式から i_n^e を算出することができる。(3.19) 式で $t = n-1$ とすると，次のようにして，イールドカーブ上にある二つの固定金利 $i^{(n)}$ と $i^{(n-1)}$ から i_n^e を求めることができる。

$$i_n^e = \frac{\left(1 + i^{(n)}\right)^n}{\left(1 + i^{(n-1)}\right)^{n-1}} - 1 \quad (3.23)$$

あるいは，(3.23) 式を対数近似すれば，次のようにして i_n^e を求めることもできる。

$$i_n^e = n i^{(n)} - (n-1) i^{(n-1)} \quad (3.24)$$

こうして求められた短期のフォワードレートの推移を見れば，投資家が将来の金利動向をどのように予想しているかを観察することができる。

　日本銀行は，無担保コールレート（オーバーナイト物）と呼ばれる短期の銀行間金利の操作を金融政策の手段の一つとしている。このため，日本銀行の政策が短期金利全般に影響を及ぼすことは想像に難くない。それで

は，金融政策が長期金利に及ぼす影響についてはどうであろうか。かつて日本銀行では，中央銀行は長期金利を操作することができない，という見方が採られていた。しかし，今や日本銀行が長期金利を操作できることは否定し得ない事実である。

日本銀行は二つの手段を用いて長期金利を操作する。一つ目の手段はフォワード・ガイダンス，あるいは，時間軸効果と呼ばれる。将来の短期金利の操作についてアナウンスを行い，現在の中長期金利を操作するというものである。例えば，「当面の間，コールレートの誘導目標をゼロ％にする」と日本銀行が宣言したとする。投資家は，このアナウンスを受けて，当面の短期フォワードレートがゼロ％であると予想する。純粋期待仮説によると，長期金利は将来の短期金利の平均で与えられるので，長期金利もゼロ％もしくは極めて低いプラス水準に低下する。これを理論的バックボーンとして，日本銀行は 1999 年にゼロ金利政策を実施した。

長期金利を操作する二つ目の手段は，大規模な国債の買い入れである。2013 年から開始された量的・質的金融緩和で，日本銀行は大規模な国債買い入れを実行することとなり，事実上のプライス・リーダーとなった。日本銀行が計画的に国債を大量に買い上げてくれるので，金利変動リスクが減少し，流動性リスクが低下した。その結果，民間金融機関は安心して国債を購入することが可能になり，タームプレミアムが圧縮され，長期金利が低下した。

●BOX3-2　インフレ期待と長期金利

2013 年 4 月に量的・質的金融緩和の導入が公表されたとき，政策の解釈を巡って混乱が生じ，長期金利が乱高下するという事態が発生した。なぜ，こうした事態に陥ったのだろうか。

量的・質的金融緩和は，別名「異次元緩和」と呼ばれる大規模な政策であり，市場に大きなインパクトを与えるものであった。それに加えて，政策が効果を発揮するメカニズムが少々複雑であったことも混乱の原因であった。混乱の原因を理解するには，フィッシャー方程式を理解する必要がある。フィッシャー方程式とは，名目金利を i，実質金利を r，期待インフレ率を π^e とすると，こ

れら三つの間に次のような関係があるというものである。

$$i = r + \pi^e \tag{1}$$

　例えば，名目金利が3％で，期待インフレ率が2％であったとしよう。100万円を銀行に預けると，1年後には3万円増えて，103万円になる。しかし，インフレーションによって，現在100万円で買える財サービスが，1年後には102万円になっており，2万円の損失が出ている。したがって，実質的には，1万円しか利子が付いたことにならない。この1％を実質金利と呼ぶ。

　量的・質的金融緩和が公表されたとき，日本銀行は2年を目途に2％のインフレ目標を達成すると宣言した。当時のインフレ率はほぼゼロ％であったので，インフレ率が2％に上昇すれば，名目金利も2％に上昇するはずであると一部の投資家は予想した。実際，政策が公表されると名目金利は上昇を始めた。

　しかし，これは日本銀行の意図とは異なっていた。日本銀行は，金融緩和を続けることによって，名目金利をゼロ％に張り付けると同時に，インフレ期待を発生させることによって，実質金利をマイナスにしようと考えていた。これによって，実体経済が活発になれば，現実にインフレーションが発生するはずである。しかし，こうした自己実現的期待は，投資家がそれを予想し，それに基づいて行動しない限り，実現しない。

　その後，日本銀行は，名目金利を直接コントロールする政策へと軸足を移すこととなる。2016年のマイナス金利政策は，純粋期待仮説を通じて，イールドカーブ全体を押し下げようとするものであった。また，同年，長短金利操作付き量的・質的金融緩和（イールドカーブ・コントロール）を開始し，短期金利に加えて，長期金利についても目標を設定するに至った。

第4章
リスクとプレミアム

　リスクという言葉は，一般には危険を意味するが，経済学では何らかの不確定要素を指している。金融市場には様々なリスクがあり，前章で言及した金利変動リスクもその一つである。ある企業が発行する債券を購入しても，返済前にその企業は倒産してしまうかもしれない。また，通常，国債は国内で最もリスクの少ない債券であるが，予定どおりに利子が支払われなかったり，政府が転覆すれば，新しい政権によって踏み倒されたりすることさえある。これを信用リスクという。

　投資家はできればリスクに見舞われたくないと考えており，リスクを含んだ債券の価格は安くならざるを得ない。別の言い方をすると，投資家は，リスクに見合うだけの上乗せ金利，すなわち，リスクプレミアムを要求する。リスクが大きいほどプレミアムは高くなり，債券価格は低下する。もちろん，プレミアムの大きさは，リスクに対する投資家の態度にも依存する。投資家が全くリスクを気にしないなら，プレミアムは不要である。しかし，通常，投資家はリスクを回避したいと考えており，プレミアムはゼロにはならない。

　数あるリスクのうち，投資家にあまり意識されないのがインフレリスクである。債券は，円やドルといった名目の値で定義されているのが普通である。インフレーションのない世界なら問題ないが，インフレーションが発生すれば資産の実質価値は目減りしていく。第2次世界大戦後，日本は高インフレを経験したが，それによって発行済みの債券は紙くず同然となった。

　1980 年代以降，金融工学という投資に関する先端技術を研究する学問分野が急速な発展を遂げた。お金に関する研究は，みるみるうちに実用化され，普及していった。しかし，2000 年代後半に発生し，「100 年に一度」の大災害と呼ばれた世界金融危機は，この最先端分野がいかに非現実的な確率論的基礎の上に成り立っていたかを示すこととなった。本章では，そうした問題の一端を紹介しよう。

4.1 投資家のリスク選好

■ リスク回避・中立・愛好

　リスクプレミアムは，リスクを引き受けてもらうために，債券の発行者が投資家に支払う対価である。したがって，リスクプレミアムの大きさは，投資家がどれほどリスクを回避したがっているのかに依存している。これを投資家のリスク選好とかリスク態度と呼んでいる。

　投資家のリスク選好には三つの類型がある。リスク回避とは，できればリスクを回避したいという投資家の態度であり，金融論で最も自然な仮定である。リスク中立は，リスクを良くも悪くも気にしないという投資家の態度である。平均的なリターンの大きさだけを基準にする投資家がこの類型に属する。会社（法人）は個人（自然人）よりもこの類型に近いと考えられている。最後に，リスク愛好は，リスクをとることが好きだという投資家の態度であり，ギャンブラーはその典型である。あまり一般的ではないので，金融論で取り上げられることはほとんどない。

　次のような籤を考えてみよう。この籤では，1/2 の確率で 100 円，1/2 の確率で 300 円もらえるとする。この籤の値段は 200 円（100 円と 300 円の平均）であるとする。あなたはこの籤を買うだろうか。あなたの効用関数が図 4.1(a) のように上に膨らんでいたとする。これを「上に凸な関数」あるいは凹関数という。x 円を得たときの効用を $U(x)$ としよう。籤を買ったときのあなたの効用は 1/2 の確率で $U(100)$（点 A），1/2 の確率で $U(300)$

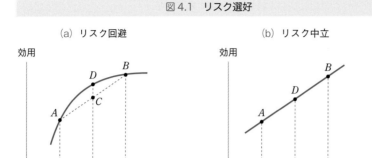

図4.1　リスク選好

(a) リスク回避

(b) リスク中立

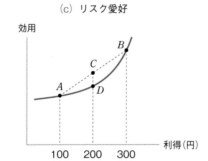

(c) リスク愛好

（点 B）となる。したがって，あなたの期待効用は $\frac{1}{2}U(100) + \frac{1}{2}U(300)$（点 C）となる。一方，籤を買わなければ，あなたは確実に 200 円をキープできるので，その時の効用は $U(200)$（点 D）である。点 D は点 C よりも上にある。このことは，あなたが利得の不確実な籤よりも，確実な現金を選ぶ投資家であることを意味している。つまり，あなたはリスク回避的な投資家である。

　次に，あなたの効用関数が図4.1(b) のように直線で表されたとする。この場合，籤を買った場合のあなたの期待効用は，買わなかった場合の効用に一致する（点 D）。このことは，あなたがリスクを気にしないリスク中立的な投資家であることを意味している。

　最後に，あなたの効用関数が図 4.1(c) のように下に膨らんでいたとす

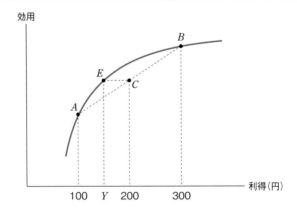

図4.2　リスクプレミアム

る。これを「下に凸な関数」あるいは凸関数という。この場合，籤を買った場合のあなたの期待効用（点 C）は，買わなかった場合の効用（点 D）よりも高い。このことは，あなたが利得の確実な現金よりも，不確実な籤を選ぶリスク愛好的な投資家であることを意味している。

　あなたがリスク回避的な場合，200円ではこの籤は買わない。では，いくらなら買うのだろうか。籤を買ったときのあなたの期待効用は点 C で与えられる（図4.2）。これと同じ効用が確実に得られるのは点 E であり，これは籤の値段が Y 円のときである。つまり，Y 円なら，あなたはこの籤を買うであろう。そして，差額 (200 − Y) 円がリスクプレミアムである。もちろん，あなたがリスク中立的ならば，リスクプレミアムはゼロ円である。あなたがリスク愛好的であるなら，リスクプレミアムはマイナスになる。ギャンブルはリスクプレミアムがマイナスになる典型的な例である。例えば，公営競馬は，払い込まれた金額の一定割合を差し引いた金額が払い戻されるので，平均的には必ず損をすることになっている。

■期待効用仮説

　上の説明では，通常の期待値の計算と同じように，籤を買ったときの期待効用を $\frac{1}{2}U(100) + \frac{1}{2}U(300)$ という形で計算した。これを期待効用仮説と

いう。こうした扱いが可能となるのは，期待効用仮説が基数的効用に基づいているからである。基数とは，モノの長さや重さ，時間の長さなど，私たちが日常よく接しているものである。

　通常，家計の効用は序数であり，基数ではないと考えられている。序数的効用では，二つの財バスケットを比較して，一方のバスケットの効用が他方のバスケットの効用よりも高いといった具合に，効用の順序しか決められない。したがって，二つのバスケットの効用を足したり，引いたりすることはできない。これに対し，基数的効用では，二つの財バスケットそれぞれに，1効用，2効用といった具合に数値を対応させ，二つのバスケットの和は3効用，差は1効用といった具合に，効用を足したり，引いたりすることができる。

　基数的効用は不確実性を取り扱うときに便利であるが，現実的な仮定であると言えるのか，はなはだ疑問である。実際，期待効用仮説は経済学の理論的予想に反する数々のパラドクスを生み出してきた。また，近年の行動経済学の進展によって，リスクに対する現実の人間行動は，期待効用仮説が想定するほど単純ではないことが，様々な実験を通して明らかになっている。ただ，期待効用仮説に取って代わる基礎理論はまだ生まれていない。

4.2　主要なリスク

■金利変動リスク

　リスクプレミアムは，投資家のリスク選好だけではなく，債券自体が抱えるリスクの大きさにも依存する。そして，リスクの内容は多岐にわたる。前章で言及した金利変動リスクはその一つである。金利が動けば債券価格も変化するので，金利変動リスクは価格変動リスクとも呼ばれる。満期が長い債券ほど，金利が変動する幅が大きくなるため，金利変動リスクは大きくなる。ただし，金利がいかに変動するといっても，通常はゼロ％が下

限になる。確かに，2016年の日本銀行のように，中央銀行がマイナス金利政策を採用すると，金利はゼロ％以下になり得る。しかし，マイナス金利にも限界がありそうだ。また，安定成長期に入って久しい日本では，止め処なく高金利になるようなことは想像し難い。したがって，満期が長くなるほど，金利変動リスクの増加ペースは小さくなると考えられる。

■信用リスク

　信用リスク（デフォルトリスク）とは，債券の発行者がデフォルト，つまり，約束どおりに債務の履行ができなくなる可能性を指す。債券発行者が倒産して元本の返済ができなくなるケースが最も分かりやすいが，利子が延滞されるケースもデフォルトに含まれ，信用リスクの一つである。

　信用リスクは，発行主体によってその大きさが異なる。例えば，政府が発行する国債と民間企業が発行する社債とでは，信用リスクの大きさが異なる。国債の信用リスクは，社債の信用リスクより小さい。自国通貨建てで国債を発行している限り，国がデフォルトすることはない。国は通貨の発行主体であり，国債の利払いや償還には，通貨を発行すれば済むからである。このため，社債の利回りは，国債の利回りにプレミアムを上乗せする形で決定されるのが一般的である。

　一口に社債といっても，発行主体によって信用リスクの大きさは区々である。しかも，企業の信用リスクの大きさは，内部の人には分かっても，外部から正確に評価するには時間と費用がかかる。これを情報の非対称性と呼ぶ。情報の非対称性が大きければ，投資家は高額のリスクプレミアムを要求するかもしれない。場合によっては，最悪のケースを予想して，投資を控えることもあろう。こうしたコストは，社債を発行する企業にとって大きなデメリットになる。

　こうしたデメリットを避けるため，企業は格付け機関と呼ばれる専門会社に自分たちが発行する債券の格付けを依頼する。高い格付けを得られれば，リスクプレミアムが低くなるため，債券の発行コストを節約できる。格付け機関としては，スタンダード・アンド・プアーズ（S&P），ムーディーズ，フィッチの三社が有名である。また，日本生まれの格付け機関と

して，日本格付け研究所（JCR）や格付投資情報センター（R&I）がある。それぞれ独自の手法を用いて企業の格付けを行っているが，最高ランクをトリプルAと呼び，信用リスクが低く，概ね安全だとされる投資適格をトリプルB以上に設定している点は概ね共通している。

■流動性リスク

第2章で説明したとおり，資産の流動性とは，その資産を売却する際の難易度を指す。流動性リスクとは，その資産を市場で売却する場合，売却価格を著しく下げる必要があったり，売却に時間がかかったりする可能性を指す。例えば，家は流動性が最も低い資産の一つである。家の売却には，月単位，年単位の期間が必要になる。売れなければ，価格を思い切って下げなければならないし，建物を壊して更地にしなければならないことも少なくない。これに対し，貨幣は定義によって最も流動性が高い資産である。様々な債券を含め，金融商品の流動性は，家と貨幣の中間にあると考えてよい。

金融市場における流動性は，大きな取引があっても価格が大きく変動しないという性質を指しており，基本的にはプライスインパクト（単位取引量当たりの価格変動幅）によって計測することができる。ただ，実務的には，以下で説明する三つの軸によって評価するのが慣例となっている。

流動性の第1の評価軸はタイトネス（tightness）である。これは証券の売り値と買い値の差であるビッド・アスク・スプレッドで計測される。売り値は買い値より高いのが普通で，その差は取引に伴う取引費用を反映していると考えられる。売り値と買い値の差が大きいと，売買が成立しにくくなるため，流動性が低いと言える。

第2の評価軸はデプス（depth）であり，市場の厚みを指している。売り値と買い値が折り合ったところで，その価格で少量しか売買が成立しないのであれば，すぐに価格が変動してしまう。逆に，十分な売り手と買い手が控えていれば，大量の売買があっても価格は変動しない。こうした市場は流動性が高いといえる。

第3の評価軸はレジリエンシー（resiliency）で，市場の回復力のことで

ある。一度に大規模な取引が行われるなど，市場に大きなショックが加わ
ると，価格は正常な水準から乖離する。レジリエンシーは，価格が元の正
常な水準に戻るのにどれくらいの時間を要するかを示す指標である。短時
間で価格が元に戻るなら市場は流動性が高く，長い時間がかかるなら流動
性は低い。

● BOX4-1　高頻度取引と流動性リスク

　情報通信技術の発達とともに，市場取引に占める高頻度取引の割合が高まっ
ている。高頻度取引では，取引の手順をプログラムとしてコンピュータ上に保
存しておき，予め設定された条件が満たされると自動的に取引を実行する。こ
のため，アルゴリズム取引とも呼ばれる。

　高頻度取引の最大の武器は何と言ってもそのスピードである。情報が発せら
れたら，誰か他の投資家が反応する前にその情報に反応して売買を成立させる。
また，誰かが取引をした際に生ずるわずかな価格の歪みから，誰よりも早く裁
定機会（安く買って高く売る機会）を見つけ出し，売買を成立させる。高頻度
取引は，スピードを生かした裁定取引を大量かつ広範に行うことによって，収
益を得ているのである。

　金融関係者の中には，高頻度取引は市場の流動性を高めるのに貢献している
と主張する人もいる。例えば，高頻度取引は，大口の取引を小口に分割し，徐々
に市場に消化させるので，市場に与えるインパクトが小さいと言われている。
また，高頻度取引は，安価な売りが出されればすぐさま買いを入れるし，少し
でも高値で買ってくれる投資家がいればすぐさま売りを入れるため，取引に要
する時間の短縮にも寄与しているとも言われている。

　こうした議論はどれほどの説得力を持っているのであろうか。確かに，市場
での取引速度は上昇するだろう。しかし，そうした取引速度の上昇がどれほど
市場の流動性を高めることに貢献しているのであろうか。むしろ，高頻度取引
の方が，市場の流動性を利用して収益を得ているのではないだろうか。また，
金融危機が発生し，市場が「干上がった」とき，高頻度取引が買い手として市
場に登場してくれる訳でもなさそうだ。むしろ，高頻度取引業者は市場から退
散してしまい，流動性の低下を加速しそうである。

● BOX4-2　量的・質的金融緩和は国債の流動性を低下させたのか？

　2013年に日本銀行が開始した量的・質的金融緩和は，2年を目途に2％の目標インフレ率を達成し，デフレ経済から脱却することを目指していた。そのために実施された政策の一つが国債の大量購入で，日本銀行は，これによって長期国債の保有残高を2倍にすると宣言した。

　国債の大量購入は計画的に進められた。そして，このままでは数年後に購入する国債が枯渇すると心配する声さえ聞かれるようになった。そこまで行かなくとも，日本銀行以外の金融機関同士で国債を売買する機会が減るので，市場の流動性が減るのではないかという一部の論者の心配はもっともである。

　量的・質的金融緩和が開始されると，流動性リスクを示す指標は，すぐさま流動性の低下を示した。しかし，時間の経過とともに，ほとんどの指標は元の水準に戻っていった。その後，日本銀行は，2014年に量的・質的金融緩和の拡大，2016年にマイナス金利とイールドカーブ・コントロールの導入を決定した。その度に流動性リスク指標は悪化したが，その後すぐに回復した。

　これらの結果から判断する限り，量的・質的金融緩和は流動性を低下させなかったと言えそうだ。しかし，政策的に作られた市場の歪みが思わぬリスクにつながらないか，警戒を怠らないことが大切である。

4.3　インフレリスクと物価連動債

■インフレリスク

　債券のリターンは円やドルという名目値で固定されているため，インフレーションが発生すると，債券の実質的なリターンは目減りする。したがって，インフレ率の高まりは，投資家にとってリスクである。これに対し，実物資産と呼ばれるものは，インフレリスクに悩まされる程度が小さい。例えば，持ち家は典型的な実物資産である。インフレーションが発生すると，それとともに家の値段は上昇するので，実質価値は維持される。ただし，家主として家を賃貸しており，その賃貸料を例えば20万円という名目値で固定している場合，インフレーションによって実質的なリターンは目

減りする。

　インフレーションは，資金の貸し手から借り手へと所得分配を引き起こす。インフレーションが発生すると，資金の貸し手である投資家のリターンが実質ベースで減少する一方，資金の借り手である企業の負担は実質ベースで減少する。負債の返済額は名目ベースで一定であるのに対し，その企業が製造する商品は，価格が上昇して，名目ベースで収入が増加するからである。家計の場合も，インフレーションとともに賃金が上昇すると，実質的に負債が減少する。

　デフレーションは，インフレーションとは逆に，資金の借り手から貸し手へと所得分配を引き起こす。資金を借りている企業や家計にとって，負債額が名目ベースで固定されているのに対し，収入である商品価格や賃金は名目ベースで低下するからである。これは経済に深刻なダメージを与える。新たに資金を借り入れて投資をする企業や家計が減少し，総需要が減少するからである。総需要の減少はデフレーションを加速し，経済活動をさらに鈍化させる。米国の経済学者アーヴィング・フィッシャーは，この現象をデット・デフレーションと呼び，デフレーションが引き起こす最大の脅威であるとした。

　しかし，予想されたインフレーションやデフレーションは所得分配を引き起こさない。なぜなら，前章で説明したとおり，名目金利は，インフレーションが予想されると，期待インフレ率の分だけ上昇するからである。つまり，インフレーションが予想されると，リターンの目減りを補うために，名目金利が引き上げられるのである。逆に，デフレーションが予想されると，その分だけ名目金利は引き下げられる。したがって，所得分配が生じるのは，予想されないインフレーションやデフレーションが起こった場合だけである。

■物価連動債

　予想されないインフレーションやデフレーションに対して，どのように対処すればよいだろうか。ヒントは先に紹介した実物資産の中にある。例えば，家はインフレーションとともに名目価値が上昇する。このため，投

資家は，家に投資しておけば，インフレーションを警戒する必要がない。
債券も，家と同じように，インフレーションとともに名目価値が上昇する
ように設計しておけば，インフレーションを警戒する必要がない。これを
形にしたのが物価連動債と呼ばれる債券である。物価連動債は，クーポン
や額面がインフレーションとともに上昇するように設計されている。

　次のようなシンプルな物価連動債を考えよう。額面がXで，満期1年の
割引債を考える（クーポンは付いていない）。この割引債は，1年後に物価
が上昇していれば，それに合わせて額面が引き上げられるとしよう。イン
フレ率をπとすると，額面は$(1+\pi)X$となる。この物価連動債の価格はい
くらになるだろうか。一般の名目金利をiとすると，物価連動債の価格P^I
はその割引現在価値で与えられる。

$$P^I = \frac{(1+\pi^e)X}{1+i} \tag{4.1}$$

なお，1年後には$(1+\pi)X$が支払われるが，投資時点では1年後のインフ
レ率は予想するしかない。このため，(4.1) 式右辺の分子は$(1+\pi^e)X$とな
っている。

　物価連動債の収益率i^Iは，通常の割引債と同様に，次の式で定義される。

$$i^I = \frac{X-P^I}{P^I} \tag{4.2}$$

したがって，

$$X = (1+i^I)P^I \tag{4.3}$$

(4.3) 式を (4.1) 式に代入して整理すると，

$$1+i = (1+i^I)(1+\pi^e) \tag{4.4}$$

これを対数変換を使って近似すると，

$$i^I = i - \pi^e \tag{4.5}$$

このように，物価連動債の収益率i^Iは実質金利と同じになり，インフレリ
スクを免れていることが分かる。

■BEI とプレミアム

　物価連動債は，期待インフレ率を推計するためにも使うことができる。

(4.5) 式を変形すると次の式が得られる。

$$\mathrm{BEI} \equiv i - i^I = \pi^e \qquad (4.6)$$

つまり，名目金利から物価連動債の金利を先引くと期待インフレ率が計算できるのだ。こうして計算される期待インフレ率の推計値をブレーク・イーブン・インフレーション・レート（BEI: Break Even Inflation rate）と呼ぶ。BEI は市場で観察されるので，投資家の予想するインフレ率と考えられる。

　期待インフレ率の把握には，アンケート調査を利用するのが一般的である。しかし，アンケート調査は実際の取引に結び付いているものではなく，虚偽の回答が含まれている可能性もある。その点，BEI は名目金利と物価連動債の金利という現実の取引データから算出されるものであり，信憑性が高い。また，アンケート調査と違い，市場データから算出できるので，高い頻度で容易に入手できる。このため，リアルタイムに現状把握が可能である。

　ただし，BEI には期待インフレ率の代理変数として，いくつかの問題点もある。まず，物価連動債を買った投資家は，インフレリスクを免れることができるので，その分のプレミアムを支払わなければならない。つまり，物価連動債の価格は，インフレプレミアムの分だけ高くなる。一方，日本は他国と比べて物価が安定しているため，投資家の物価連動債に対するニーズが小さい。このため，物価連動債は通常の債券よりも市場が小さく，その分，流動性リスクを抱えている。このことを反映し，物価連動債は流動性プレミアムの分だけ価格が低くなる。

　したがって，インフレプレミアムを ρ^π，流動性プレミアムを ρ^l とすると，物価連動債の価格は次のようになる。

$$P^I = \frac{(1+\pi^e)X}{1+i} \times \frac{1+\rho^\pi}{1+\rho^l} \qquad (4.7)$$

先と同様に，(4.3) 式を代入して整理すると，次の式が得られる。

$$i^I = i - \pi^e - \rho^\pi + \rho^l \qquad (4.8)$$

このため，BEI を使って期待インフレ率を計算すると，次のように二つのプレミアムの分だけバイアスが生ずることとなる。

$$\text{BEI} \equiv i - i^I = \pi^e + \rho^\pi - \rho^l \tag{4.9}$$

BEI を期待インフレ率の代理変数として用いる際には，このバイアスの変化にも留意すべきである。

4.4 不確実性と確率分布

■ 正規分布

　リスクは確率論と深い関係がある。4.1 節で用いた籤の例では，発生する可能性のあるイベントが 100 円と 300 円の二つしかなかったが，現実の金融資産の価格は銭単位（円の 100 分の 1）で表示され，潜在的にはほぼ無数に存在すると言ってよい。起こり得るイベントが無数にある場合にしばしば用いられるのが正規分布である。正規分布は図 4.3 のような釣鐘型をしている。わずか二つのパラメータ（平均と分散）で定義されているにもかかわらず，自然界で観察される分布（人の身長の分布など）の多くをカバーしている。そして，中心極限定理と呼ばれる理論の存在が，正規分

図 4.3　正規分布

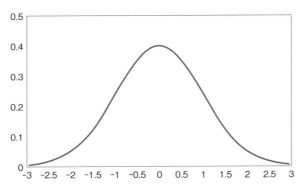

（注）平均 = 0，分散 = 1 の標準正規分布。

図4.4　対数正規分布

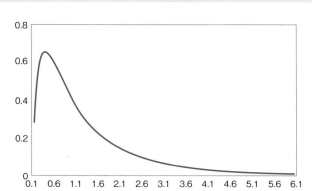

（注）ln(x) が標準正規分布となる対数正規分布。

布が統計学で採用される最大の理由となっている。この定理によると，元
の分布が何であれ，そこから多数のサンプルを抽出して平均値を計算する
と，その分布は正規分布になる。

　金融工学でも正規分布が頻繁に利用される。その理由は，計算が容易だ
からである。正規分布を関数で表わすと複雑な形をしているが，計算をす
る上で極めて便利な性質を多く備えている。例えば，正規分布にしたがう
変数の和は正規分布にしたがう。ただし，正規分布は負の値をとるので，
証券の価格など，負の値をとらないものの分布としては使いにくい。この
ような場合に使われるのが対数正規分布である。例えば，証券価格を P と
すると，その対数値 $\ln P$ が正規分布にしたがうと仮定するのである。対数
正規分布は図4.4のような形をしている。これを見て分かるように，P が
マイナスになることはない。

　1990年代以降，大きな金融危機が頻繁に発生するようになった。1997
年，タイの通貨バーツの急落をきっかけにアジア通貨危機が発生し，資本
逃避の動きがアジア全体に広がった。2007年には，サブプライムローンの
破綻をきっかけに世界金融危機が勃発し，世界経済を混乱に陥れ，欧州政
府債務問題にまで発展した。特に，1998年，アジア通貨危機の余波から発

生したロシア危機では，LTCM（ロングターム・キャピタル・マネジメント）が破綻し，米国連邦準備制度が救済に乗り出す事態にまで発展した。LTCM は，金融工学でノーベル経済学賞を受賞したマイロン・S・ショールズ（オプション価格で有名なブラック・ショールズ・モデルのショールズ）やロバート・C・マートンを擁し，ドリーム・チームと呼ばれたヘッジファンドであった。

　度重なる危機とともに，金融工学に対する不信感がつのっていった。金融工学は，高度な数学を駆使して複雑な証券の価格を算出する先端技術である。しかし，どんなに高度な数学を用いようとも，基礎となっている確率分布が間違っていれば，正しい価格を導出することはできない。「100 年に一度の災禍」といっても，あくまで確率の話なので，10 年に 2 度，3 度と起こることもあろう。しかし，こう何度も経験すると，前提となっている確率分布，特に正規分布を金融市場に当てはめることの妥当性を疑いたくなるのも当然である。

■べき乗則

　近年，べき乗則（power law）という考え方に注目が集まっている。特に，経済物理学の分野では，自然現象を含め，世の中の多くの現象は，正規分布よりも，むしろべき分布ないしパレート分布と呼ばれる確率分布にしたがうと考えられている。べき分布の確率密度関数は次式で与えられる。

$$f(x) = ab^a x^{-a-1} \tag{4.10}$$

ここで，$f(x)$ は x（$\geq b$）が発生する確率密度で，a, b は正の定数である。

　$a = b = 1$ としてべき分布を図示すると図 4.5 のようになる。べき分布には二つの特徴がある。第 1 に，x の始点（この場合は $x = 1$）の確率が異常に高いということである。これは，現在の証券価格を 1 として基準化すると，価格が変化しないことが非常に多いということを意味している。第 2 に，x が増加すると確率が減少していくが，減少速度は正規分布よりも遅い。こうしたべき分布の特徴をファット・テイル（分布の裾が厚い）とかロング・テイル（分布の裾が長い）と表現する。分布がファット・テイルになっているということは，証券価格が大きく上昇する確率が正規分布よ

図4.5　べき分布

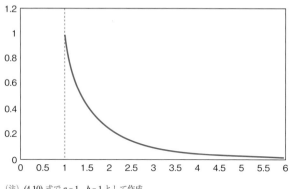

（注）(4.10) 式で $a=1$，$b=1$ として作成。

りも高いことを意味している。べき乗則を支持する人たちは，こうした特
徴を持つべき分布を金融工学の基礎に据えるべきであると主張している。

■ナイトの不確実性

　リスクに関する最後の論点として，米国の経済学者フランク・H・ナイ
トの確率論に触れておこう。彼は，確率分布を数量的に定義できて，確率
計算ができる場合を「リスク」と呼び，そうした確率分布が分かっておら
ず，確率計算ができない場合を「不確実性」と呼んで，両者を区別した。後
者のような状況を彼の名を冠してナイトの不確実性と呼ぶ。ナイトがこう
した区別を発表したのは1921年発行の『危険・不確実性および利潤』にお
いてであるが，2007年の世界金融危機で再び脚光を浴びることとなった。
　彼の考え方は極めて自然である。金融危機や経済危機は，どれも一度限
りの事象であり，繰り返し発生することを前提とする確率的な現象ではな
い。それに無理やり確率分布を当てはめること自体おかしな話なのだ。た
だし，ナイトは不確実性に対しなす術がないといっている訳ではない。最
悪の事態に備えて準備することが，ナイトの不確実性に対する最適な行動
なのである。

第5章

株式市場

　株式とは，会社の持ち分を示す証券のことである。会社に出資したとき
に受け取るもので，会社にお金を貸したときに受け取る債券と並ぶ代表的
な金融商品である。株式を売買する場が株式市場であり，日本では東京証
券取引所（東証），米国ではニューヨーク証券取引所が現物の株式を取り扱
っている。

　株式市場では，個々の株式について，株価が決定され，その結果は新聞
紙上で確認することができる。テレビのニュースで取り上げられる東証株
価指数（TOPIX）は，東京証券取引所で売買されている株式の価格を集計
し，指数化したものである。また，日経平均株価は，主要企業の株価を集
計したもので，代表的な株価指標として用いられている。

　証券取引所で株式を売買できる企業を上場企業と呼び，その株式を上場
株ないし公開株と呼ぶ。株式を上場するためには投資家保護のために多く
の厳しい条件を満たさなければならない。これに対し，非上場の企業が発
行している株式は非上場株ないし未公開株と呼ばれ，会社関係者のみに所
有されていることが多い。未公開株も売買することは可能であるが，証券
取引所を通じてではなく，当事者間で取引を行う。このため，非上場企業
の株式を上場企業の株式と同列に論じることはできない。このため，本章
では，上場株のみを取り上げる。

　株価の決定は，債券価格の場合と同じ原理で行うことが可能である。株
式を保有していると配当がもらえる。配当は債券の利子に相当するもので
ある。したがって，配当の割引現在価値を計算すれば株価を計算できる。

しかし，配当は企業が利益を計上しなければ受け取れない。何より，株式には満期という概念がなく，額面に相当するものがない。このため，過度の楽観主義から根拠なく株価が上昇するバブルに見舞われることも多い。このように，株式は，債券，とりわけ国債に比べれば，リスクが大きい。

　株式市場の崩壊は，経済を大不況に陥れる危険性をはらんでいる。そのことは，1929 年に米国で発生した暗黒の木曜日と呼ばれる株価の大暴落に端を発し，世界中を不況に陥れた大恐慌や 1990 年代初に日本で発生した平成バブルの崩壊を見れば明らかである。しかし，どのようにすればバブルを事前に察知できるのか，バブルが発生した場合にどのように対処すればよいのか，各国の政府・中央銀行，国際機関の間で意見が分かれている。

5.1　株価決定の基礎理論

■株のファンダメンタル・バリュー理論

　株式の発行企業が利益を計上すると，その一部を株主に配当するのが通常である。株価は，この配当の割引現在価値として求められる。これを株価のファンダメンタル・バリュー理論と呼ぶ。t 時点に受け取る配当を D_t とすると，株価 P は次のように計算される。

$$P = \frac{D_1}{1+i} + \frac{D_2}{(1+i^{(2)})^2} + \frac{D_3}{(1+i^{(3)})^3} + \cdots \tag{5.1}$$

　(5.1) 式を利付債の価格決定式である (3.10) 式と比較してみよう。将来受け取ることになっている配当を対応する満期の利子率で割り引く点は，利付債と同じである。しかし，株価の決定式はいくつかの点で利付債の価格決定式と異なっている。第 1 に，株式には利付債の満期に相当するものがなく，出資金は償還されない。このため，利付債の額面に相当するものがない。第 2 に，株式の配当は，利付債のクーポンと異なり，企業の業績によって変化する。これら二つのことが，株式を債券と全く異なる金融商品にしているのである。

利付債と同様に，株式についても，期待株価を求めることができる。1年後の期待株価を P^e とすると，

$$P^e = \frac{D_2}{\dfrac{(1 + i^{(2)})^2}{1 + i}} + \frac{D_3}{\dfrac{(1 + i^{(3)})^3}{1 + i}} + \cdots \qquad (5.2)$$

この期待株価を使うと，現在の株価を次のように書き換えることができる。

$$\frac{D_1}{P} + \frac{P^e - P}{P} = i \qquad (5.3)$$

左辺は株式を1年間保有したときの収益率であり，右辺は金利である。つまり，ファンダメンタル・バリュー理論によると，キャピタルゲイン（左辺の第2項）を含めると，株に1年間投資しても，債券で1年間運用しても，収益率は同じになるはずである。

しかし，多くの読者はこの結果に違和感を抱くのではないだろうか。株式は利付債に比べてリスクが大きいと考えられるからである。利付債の場合も，クーポンと額面は固定されているが，割引に使われる金利が変動するため，価格は変動する。しかし，株式の場合は，金利変動に加えて，将来の配当が不確実である。しかも，満期がないため，遠い将来にまで不確実性が累積する。したがって，株価の変動は債券より大きくなる。このように，株式投資は債券運用に比べてリスクが高く，それに見合うプレミアム（ρ）が上乗せされているはずである。

$$\frac{D_1}{P} + \frac{P^e - P}{P} = i + \rho \qquad (5.4)$$

■エクイティプレミアム・パズル

(5.4) 式の ρ は，株式に関するすべてのリスクプレミアムを包含しており，エクイティプレミアムと呼ばれている。エクイティプレミアムは，実際に観察可能なデータから，次のように推計される。左辺第1項は配当率であり，データとして存在する。左辺第2項は期待キャピタルゲインであり，直接観察することができないので，実現したキャピタルゲイン（株価変動率）を使って近似する。右辺第1項の金利としては，最も安全な金利

である短期国債の利回りを使用する。最後に，左辺から右辺の金利を差し引けば，エクイティプレミアムが推計できる。

　こうして算出されたエクイティプレミアムは極めて大きな値になることが知られている。そして，なぜそれほどまでに大きいのかということが，経済学者の間で長年の謎となっており，エクイティプレミアム・パズルと呼ばれている。先に述べたように，株式は債券よりもリスクが大きい金融商品である。投資家がリスク回避的であれば，このリスクの差はエクイティプレミアムとして，株式の収益率にプラスされなければならない。もちろん，投資家のリスク回避度が異常に高いなら，いかに大きなエクイティプレミアムも説明可能である。しかし，エクイティプレミアムから逆算されるリスク回避度は，これまでに蓄積された膨大な研究から得られたリスク回避度の推定値よりも遥かに大きい。

　エクイティプレミアムは，株式収益率と債券利回りの差として算出される。エクイティプレミアム・パズルは，株式の収益率が標準的な経済学が想定する以上に高いということが原因の一つである。しかし，それと同時に，金利が標準的な経済学が想定するより低いことも，エクイティプレミアムが高いことのもう一つの原因となっている。これをリスクフリーレート・パズルと呼んでいる。したがって，エクイティプレミアム・パズルという問題は，理論が想定するよりも，なぜ株の収益率が高く，なぜ債券の利回りが低いのかという二つの問題から構成されている。

　これまで，エクイティプレミアム・パズルを解く鍵として，様々な可能性が指摘されてきた。経済学者が依拠している「合理的経済人」の仮定が単純過ぎる（現実離れしている）とか，経済学のモデルで想定されている確率分布がレアケースを反映していないとか，現実の金融市場は借り入れ制約等様々な制度的要因によって歪められているなど，枚挙に暇がない。さらに，税制を経済モデルに組み込めば，エクイティプレミアムは非常に小さく，そもそもパズルは存在しないといった研究もなされている。しかし，いずれの解決策も決定打にはなっていないようだ。

5.2 経済成長と株価

　株のファンダメンタル・バリュー理論では，現在の株価は無限の将来の配当の割引現在価値の和で表される。しかし，無限に数値を足していくと無限に大きな値になるのではないかという疑問が湧いてくるだろう。もしそうなら，株のファンダメンタル・バリュー理論は株価決定理論として何の役にも立たない。

　この疑問に答えるために，(5.1) 式を簡単化しよう。まず，毎期の配当は次のように決まると仮定する。

$$D_t = D_1(1+g)^{t-1} \tag{5.5}$$

g は名目経済成長率である。これは，経済が成長すれば配当もそれと同じ率で大きくなるという仮定である。さらに，金利は i で一定であると仮定する。このとき，すべての n について $i^{(n)} = i$ が成立する。これらを (5.1) 式に代入すると次式が得られる。

$$P = \frac{D_1}{1+i} + \frac{D_1}{1+i}\left(\frac{1+g}{1+i}\right) + \frac{D_1}{1+i}\left(\frac{1+g}{1+i}\right)^2 + \cdots \tag{5.6}$$

これは，初項が $\frac{D_1}{1+i}$，公比が $\frac{1+g}{1+i}$ の等比級数の和である。これを三つのケースに分けて具体的に計算してみよう。

　① $g < i$

　この場合の株価は，等比級数の和の公式を用いて，次のように計算される。

$$P = \frac{D_1}{i-g} \tag{5.7}$$

配当が大きくなったり，金利が下がったり，経済成長率が高まると，株価が上昇するという直感に合う結果が得られる。

　② $g = i$

　この場合，公比 $\frac{1+g}{1+i}$ は 1 となり，株価は $\frac{D_1}{1+i}$ を無限に足し合わせたものになる。このため，株価は無限大になる。

③　$g > i$

この場合も株価は無限大になる。g が i より大きくなると、公比 $\frac{1+g}{1+i}$ が 1 より大きくなる。このため、(5.6) 式の n 項目、$\frac{D_1}{1+i}\left(\frac{1+g}{1+i}\right)^{n-1}$ は、n が大きくなるにつれて無限に大きくなる。したがって、P は無限大になる。

上の②と③の場合、株価のファンダメンタル・バリュー理論は役に立たないように見える。これに対しては、次のような反論が可能である。投資家は、リスクの高い資産に対してはリスクプレミアム（株式の場合はエクイティプレミアム）を要求する。したがって、将来の配当を割り引く際、i ではなく、リスクプレミアム込みの $i + \rho$ で割り引かなければならない。この場合、たとえ $g \geq i$ であったとしても、ρ が十分に大きければ、$g < i + \rho$ となり得るので、株価を計算することができる。

$$P = \frac{D_1}{i + \rho - g} \tag{5.8}$$

例えば、不況が深刻化したり、長期化したりすると、リスクプレミアムが上昇し、株価が下落する。また、投資家のリスク回避度が上昇しても、リスクプレミアムは上昇するため、株価は下落する。

しかし、エクイティプレミアム・パズルは、「本当の ρ はもっと小さいはずだ」という主張であったことを思い出そう。もし本当の ρ がさほど大きくないのであれば、株価は無限大になる可能性がある。しかし、実際にそうしたことは起こっていない。株価はファンダメンタル・バリュー理論とは違う形で決定されているのだろうか。次のセクションでは、この問題を考えてみよう。

●BOX5-1　**金利と経済成長率はどちらが高いのか？**

2000 年代の半ば頃、名目金利（i）と経済成長率（g）のどちらが大きいのかという問題が政治論争にまでなったことがあり、「成長率・金利論争」と呼ばれた。

この論争は財政のサステナビリティ（維持可能性）に関するものである。期末の国債残高を B、歳出（国債の元利払いを除く）を G、歳入を T とすると、国債残高は次の式にしたがって増減する。

$$B_t = B_{t-1} + iB_{t-1} + G_t - T_t \tag{1}$$

右辺の第 2 項（iB_{t-1}）は利払いである。また，GDP を Y とすると次式を得る。

$$Y_t = (1 + g)Y_{t-1} \tag{2}$$

いま，$G_t - T_t$（基礎的財政収支，プライマリーバランス）がゼロであると仮定し，(2) 式で (1) 式を割ると次のようになる。

$$\frac{B_t}{Y_t} = \left(\frac{1+i}{1+g}\right)\frac{B_{t-1}}{Y_{t-1}} \tag{3}$$

この式から，$g > i$ ならば，B/Y は時間とともに小さくなっていくことが分かる。$g = i$ ならば，B/Y は変化しない。しかし，$g < i$ ならば，B/Y は発散してしまう。財政のサステナビリティのためには，債務の GDP 比率（B/Y）が無限に大きくならないことが必要である。これは，$g \geq i$ のときに達成される。これをロシア系米国人経済学者エブセイ・D・ドーマーの名を冠して，ドーマー条件と呼ぶ。

ドーマー条件が満たされると，財政は維持されるが，エクイティプレミアムがなければ，株価は無限に大きくなる。政治家にとっては都合よいが，経済学者にとっては面倒な話だ。ただ，先に述べたとおり，ρ が十分に大きければ，$g \geq i$ と $g < i + \rho$ を両立させることができるので，ジレンマは解消する。しかし，ここまで来ると，政治論争にはなりえない。「成長率・金利論争」は，何ら成果を得ることなく，立ち消えとなってしまった。

フランスの経済学者トマ・ピケティが著した『21 世紀の資本』（仏語 2013 年，英語 2014 年）は，公刊と同時にちょっとしたブームになった。そして，g と i の関係が再び注目を集めることとなった。ピケティによると，歴史的には $g < i$（あるいは $g < i + \rho$）となっていることがほとんどであり，この条件の下では，どんどん経済格差が拡大していくと主張する。多くの国民は，賃金で生計を立てており，それは経済成長率と同じペースでしか増加しない。一方，高収益を生む資産は一部の富裕層に独占され，経済成長率を上回る速度で増大していく。このため，「持つ者」と「持たざる者」の格差が，時の経過とともに拡大していく。これは政治家にとっても，経済学者にとっても，看過できない問題である。

このように，「成長率・金利論争」は，形を変えて何度も我々の前に登場してくる基本的で重要な経済問題なのである。これまでの結論をまとめると表のようになる。$g < i$ であろうと，$g > i$ であろうと，必ずメリットとデメリットがあることが分かる。ここで一つ注意しなければならないのは，現実には g も i も一定の値であるとは限らないということである。特に，i は中央銀行がコント

金利と成長率の関係とその帰結

g と i の関係	株価計算	債務 GDP 比率	経済格差
$g < i$	可　能	発　散	拡　大
$g > i$	バブル発生	収　束	縮　小

ロールすることができる変数である。債務 GDP 比率の維持・縮小と経済格差
の是正は中央銀行に割り当てられたミッションではない。しかし，好況がバブ
ルを引き起こしそうになれば金利を引き上げ，不況が深刻になれば金利を引き
下げるのは中央銀行の役目である。

5.3　株式市場の効率性

■効率的市場仮説

　株価のファンダメンタル・バリュー理論によると，株価は将来受け取る
ことができる配当の額に依存して決まる。そして，配当の金額は，企業が
どれほどの収益を生み出すかということに依存している。したがって，
個々の企業の経営状態や景気の先行き予想が変化すると，株価はそれに伴
って変化する。

　株式市場で資金を運用している投資家は，将来値上がりすると予想され
る株式を買って，実際に価格が上昇した時点で売ることによって収益を上
げている。したがって，投資家にとって，将来の株価を左右する情報が，ど
の程度，そして，どれくらい速く株価に反映されるかという問題は非常に
重要である。米国のノーベル賞経済学者ユージン・F・ファーマは，過去
の分析をサーベイし，株式市場は効率的であり，株式に関する情報は完全
かつ速やかに株価に反映されるとした。これを効率的市場仮説と呼ぶ。市
場が効率的であれば，平均以上のリスクをとらない限り，継続して平均以
上に利益を出すことはできない。

　しかし，どれほど完全で，どれほど速ければ，市場は効率的と呼べるのであろうか。ファーマは市場の効率性を次の3段階で評価している。

● 弱効率性：過去の公開情報は，過去の価格にすべて織り込まれている。
● 準強効率性：公開情報は，現れると直ちに価格に反映される。
● 強効率性：私的情報であっても，価格に反映される。

　まず，上の定義で使われている公開情報と私的情報の違いについて説明しておこう。公開情報とは，タダで誰でも入手できる情報のことである。新聞，テレビ，ラジオやインターネット上で誰でも見ることのできるものは公開情報である。これに対し，私的情報とは，見ることが制限されている情報のことで，有料の情報サイトなどは私的情報の例である。

　弱効率性が満たされていると，過去の価格から将来の価格を予想するテクニカル分析は，継続的に平均以上の収益を上げることはできない。準強効率性が満たされると，どのような情報も速やかに価格に反映されるため，財務諸表等を通じたファンダメンタル分析によって平均以上の収益を上げ続けることはできない。これら二つについては現実の市場で満たされていそうだ。しかし，強効率性については，これに反する例がいくつも報告されており，完全には満たされていない。実際，新たな市場レポートが配信されると直ちに株式市場が反応するのは，私的情報が配信前には完全な形で市場に伝わっていないことの証左である。

■ 市場の情報集約機能

　強効率性は，完全には満たされないにせよ，部分的には満たされていると考えられる。1920年代から1940年代にかけて，市場の存在しない社会主義国で効率的な資源配分は可能なのかという論争が起こった。これは経済計算論争と呼ばれる。一部の経済学者は，一般均衡分析を利用して疑似市場価格を計算すれば，効率性を達成することが可能であると主張した。これに対し，オーストリア生まれのノーベル賞経済学者フリードリッヒ・A・フォン・ハイエクは，そうした計算はその量が膨大であることは言うまでもなく，家計の選好などの情報は私的情報であることを踏まえると，事実上不可能であるとした。しかし，そうした膨大で私的な情報も，市場

においては価格という情報に集約される。経済主体は価格をシグナルとして，消費，生産を行うことによって，効率的な資源配分が可能になると主張した。

　市場の情報集約機能は，金融市場でも同様に作用している。たとえ私的情報であっても，それを基に資産が売買される結果，市場価格に反映されるのだ。例えば，あなたはある企業の将来性について自分しか知らない有力な情報（私的情報）を得たとする。あなたはその企業の株式を買おうとしたり，売ろうとしたりするであろう。その結果，この企業の株価が変動する。このようにして，膨大かつ私的な情報は市場価格に集約されるのである。

● BOX5-2　私的情報と市場の強効率性

　情報の中には，調査・研究といった活動を通じて初めて得られるものがある。そうした私的情報を生産するには時間とお金を要する。米国の経済学者サンフォード・J・グロスマンと米国のノーベル賞経済学者ジョセフ・E・スティグリッツの理論的研究によると，私的情報を得るのに費用がかかる場合，強効率性が完全に満たされると，市場は均衡しない。これをグロスマン・スティグリッツのパラドクスと呼ぶ。

　もし強効率性が完全に満たされ，私的情報が完全に市場価格に反映されるのであれば，逆に，市場価格から私的情報を完全な形で読み取ることができる。このため，誰も費用をかけて私的情報を生産しなくなる。しかし，誰も私的情報を生産しないのであれば，私的情報を生産することによって大きな利益を得るチャンスが生じる。このため，私的情報を生産しようとする者が現れる。その結果，再び市場価格から私的情報を逆算することができるようになるので，誰も費用をかけて私的情報を生産しなくなる。結局，市場は均衡せず，強効率性も満たされない。

　もっとも，この理論は，市場価格が費用のかかる私的情報を全く反映しないと言っている訳ではない。市場が私的情報を不完全にしか伝えられない場合には均衡が存在し得る。おそらく，これが現実に近い状態で，市場価格は部分的に私的情報を反映しているというのが妥当な評価であろう。

■市場のアノマリーと行動経済学

　かつて，1月には株価が上がりやすいと言われており，「1月効果」と呼ばれていた。仮にこの「法則」が毎年観察されるのであれば，前年の12月に株式を買って，1月に株価が上がっているうちに売り抜ければ鞘取りできる。また，しばしば株価が同じ方向に持続的に動くことが観察される。「モメンタム投資」は，この株価変動のパターンを利用して利益を上げようとする戦略である。しかし，標準的なファイナンス理論によると，「モメンタム投資」によって持続的に利益を上げることはできず，利益が出たとしても偶然に過ぎない。

　こうした標準的なファイナンス理論と相容れない経験則はアノマリーと総称される。アノマリーは本当に発生するのか，発生するとすれば何がその原因なのか，制度的な要因も含めて様々な研究が積み重ねられてきた。これまでの経済学は，人間の合理性に依拠して経済現象を説明しようとしてきた。これに対し，米国の心理学者・行動経済学者で，ノーベル経済学賞を受賞したダニエル・カーネマンとイスラエルの心理学者エイモス・トベルスキーは，人間行動における心理学的な側面を強調し，様々な実験を通じて，標準的な経済学で説明できなかった現象を明らかにしてきた。

　彼らが開拓した行動経済学は，実験の成果を取り入れることによって，より現実的な経済モデルを構築し，従来の経済学が説明できなかった経済現象を説明しようとするものである。例えば，新しい情報は一気に株価に織り込まれる訳ではなく，時間をかけて織り込まれる。このため，株価は持続的に同一方向に変動する。このパターンを利用すれば「モメンタム投資」が利益を生み出すという訳である。

　もっとも，アノマリーは，それが指摘されると，それを利用して利益を上げようとする投資家がすぐに現れるため，ほどなく市場から消えてしまうのが一般的である。実際，先に紹介した「1月効果」はもはや観察されない。アノマリーの中には，完全に消滅せず，残存しているものもあるようであるが，そうしたアノマリーは収益が小さく，取引費用を考えると必ずしもペイしなくなっていることが多い。つまり，統計学的に有意に存在していたとしても，経済的には利用できないということである。ここまで

来れば，市場は十分に効率的だと呼べるだろう。

5.4　資産価格バブル

■バブルの発生原因

　前節で，現実の市場では効率的市場仮説が概ね成立していると述べた。多くの投資家が市場取引に参加することによって，株式市場には幅広い情報が集まる。株式市場は，そうした情報を株価に集約する機能を果たしている。効率的市場仮説は，そうした情報の集約が瞬時に行われるという仮説である。

　しかし，このことは，市場の評価が常に正しいということを意味しない。株価のファンダメンタル・バリュー理論によると，株価は将来の配当の割引現在価値である。配当はあくまで将来時点で受け取られるものであって，いくら受け取れるかは投資家の予想に過ぎない。証券取引所に上場するために，企業は財務諸表を公表する必要がある。しかし，それらは過去の情報であり，投資家の期待を確実にするものではない。企業の成長力と企業を取り巻く環境（ファンダメンタルズ）は常に変化しているため，それを正確に予想することは至難の業である。

　資産価格がファンダメンタルズから乖離することをバブルと呼ぶ。バブルは様々な資産で生じる。歴史上最初のバブルは，1636年から1637年にかけてオランダで発生したチューリップ・バブルであろう。当時チューリップは贅沢品であり，珍しいチューリップの球根はとりわけ人気があった。これに目を付けた投機家が高値で球根を買い付けるようになり，球根の価格は1636年中ますます上昇することとなった。しかし，価格の上昇はいつまでも続く訳ではなく，球根価格は1637年2月に暴落するに至った。この他にも，18世紀初頭にフランスで起こったミシシッピ・バブルや英国で起こった南海泡沫事件など，バブルには長い歴史がある。

　バブルは1990年前後の日本でも発生し，平成バブルと呼ばれている。平

成バブルでは，株価と並んで，土地価格の上昇も顕著であった。土地価格が上昇すれば，土地を所有する企業の株価も上昇する。加えて，もともと日本では地価は下がらないという土地神話が固く信じられており，土地を担保にすれば，銀行から巨額の資金を借りることができた。このため，土地価格が上昇すれば，企業はますます事業を拡大することができた。なかには借り入れた資金を土地や株式につぎ込むものも現われ，これがますますバブルの膨張に拍車をかけた。このように，平成バブルでは，土地バブルと株価バブルは一体の現象であった。

英国の経済学者ジョン・M・ケインズは，美人投票の比喩を用いて，株式市場が企業のファンダメンタルズから乖離するメカニズムを見事に描き出した。美人投票とは，候補者の中から最も美しい人を選んで投票するものである。最も多くの票を得た候補者に投票した人には賞金が与えられる。この場合，自分が最も美しいと思う候補者に投票するのは合理的ではない。多くの人たちが投票する候補者に投票するのが合理的である。では，多くの人たちは誰に投票するのだろうか。もちろん，多くの人たちが投票する候補者である。結局，誰が美人なのかという情報は，投票結果に反映されることはない。これと同じことは株式市場でも起こり得る。株式市場で株価が上昇すると，それを見た投資家は，何かよい情報をつかんだ投資家が他にいるのだと類推し，株を買おうとする。これによって，ますます株価が上昇する。こうした現象がエスカレートすると，もはや株価は企業の業績とは無関係に上昇することになる。

■Fed ビューと BIS ビュー

平成バブルでは，東京の不動産価格の上昇はとりわけ激しく，「皇居の土地でカリフォルニア州が買える」とか，「山手線の内側の土地でアメリカ全土が買える」と言われた。今から考えると，とんでもない話である。誰もこれを異常だと思わなかったのであろうか。実は，当時すでに，これはバブルであると気付いている人は少なくなかった。バブルはもっともらしい話から始まる。しかし，膨張するにしたがって，バブルと分かってくる。そして，ババ抜きのように一人，また一人とプレイヤーが減っていき，ゲー

ムオーバーとなる。「バブルははじけた後でしかバブルと分からない」というのは正確な表現ではない。

バブルへの対処法として，Fed ビューと BIS ビューという二つの見方がある。Fed ビューとは，米国の中央銀行である連邦準備制度に属する政策担当者・研究者たちの見方である。彼らは，バブルは崩壊した後でしか認識できないので，崩壊した後に被害が深刻化するのを食い止めるしかないと主張する。これに対し，BIS ビューは，国際決済銀行に所属する研究者たちの考え方である。彼らは，バブルはその兆候をいち早く把握し，小さいうちに取り除くことが可能だと主張する。そのためには，バブルの兆候を高い精度で発見するための早期警戒指標が必要であるとし，そのための研究が盛んに行われている。

平成バブルの発生当初，「物価さえ安定していれば経済活動はすべて上手くいく。中央銀行は物価のみを注視していればよい」という考え方が支配的だった。また，「日本銀行の究極的なミッションは物価の安定であり，インフレでもないのに金融を引き締めるのは越権行為である」という意見も強かった。それでも，日本銀行スタッフは，当時上昇の気配を示していた賃金に着目し，何とかしてインフレーションの兆候を捉えようとした。こうして開発されたのが企業向けサービス価格指数である。しかし，こうした努力にもかかわらず，様々な理由から金融引き締めが遅れ，バブルの膨張を許してしまった。

こうした経験を踏まえ，2006 年，日本銀行は次の二つの柱に基づいて経済・金融の動向を点検するという方針を打ち出した。第1の柱は，先行き2年程度の経済・金融の動向を予想し，それが物価の安定と整合的であるかどうかをチェックするもので，従来の点検作業を踏襲したものである。第2の柱は，より長期的な観点に立って，物価のみならず，物価の不安定化につながる様々なリスクの点検，特に金融の不均衡についての点検を強化するものである。平成バブルを経験した日本銀行は，BIS ビューに同情的であると言えそうだ。

■バブル退治の難しさ

バブルが認定されたとして，中央銀行はどのように対処すればよいのであろうか。平成バブルの場合，「平成の鬼平」と呼ばれた三重野康総裁の利上げ，大蔵省（現財務省）による貸出規制や地価税の導入などによってバブルは急速に収縮した。しかし，その結果，日本経済は「失われた10年」，「失われた20年」と呼ばれる長期停滞に陥った。2007年に発生し，全世界を深刻な不況に陥れた世界金融危機でも，バブルの処理は困難を極めた。いくつかの金融危機を経る中で，我々は多くのことを学んだ。しかし，バブルへの対処法は，事後的な対応も含めて，分かっていないことの方が多いように思われる。

株価がいかに脆いものであり，金利の引き上げによって株価を適正な水準に着地させることがいかに難しいことであるかを見ておこう。次の式は，(5.4) 式を見やすくしたものである。

$$\frac{D_1}{P} + g^e = i + \rho \tag{5.9}$$

g^e は株価の予想成長率である。具体的な数値として，配当（D_1）が1円，株価成長率（g^e）が6％，金利（i）が1％，リスク・プレミアム（ρ）が6％とすると，株価は100円となる（表5.1，ケース(1)）。

このモデルを使って，中央銀行による金利操作が株価にどのような影響を及ぼすかを見ることができる。平成バブルが崩壊したとき，日本銀行は

表5.1　単純な株価計算

	(1)	(2)	(3)	(4)	(5)
配当（D_1），円	1	1	1	1	1
株価成長率（g^e），%	6	6	5	6	5
金利（i），%	1	1.25	1	1	1.25
プレミアム（ρ），%	6	6	6	7	7
株価（P），円	100	80	50	50	31

大幅な金利引き上げを行った訳ではない。それにもかかわらず，株価は大幅に下落した。いま，中央銀行が金利を 0.25 ％引き上げたとしよう。この場合，株価はどれほど下落するだろうか。上のモデルを使うと，株価は 100 円から 80 円に 20 ％下落することが分かる（ケース (2)）。このように，少しの利上げで株価は大きく変化する。

　次に，投資家が予想する株価成長率が 6 ％から 5 ％に 1 ％低下したとしよう。この場合，株価は 100 円から 50 円に半減する（ケース (3)）。投資家の期待が少し弱気化するだけで，株価に多大な影響が及ぶことが分かる。しかも，この例では，株価が下落すると予想された訳ではない。株価成長率がプラスのまま，わずかに低下すると予想されただけで，株価は大幅に下落するのである。

　最後に，投資家のリスク回避度が上昇し，株離れが起こったとする。このように，リスクの高い金融商品からリスクの低い安全資産に資金がシフトすることをリスクオフという。逆に，リスクが低い金融商品からリスクの高い金融商品にシフトすることをリスクオンという。リスクオフの結果，リスク・プレミアムが 6 ％から 7 ％に 1 ％上昇したとする。この場合，株価は 100 円から 50 円に半減する（ケース (4)）。

　中央銀行が金利を引き上げると，これら三つのことが同時に発生する可能性がある。この場合，株価は 100 円から 30 円程度にまで低下する（ケース (5)）。これは極端な例のように思われるかもしれない。しかし，中央銀行による金利引き上げのさじ加減が極めて繊細な作業であることを理解できるだろう。

第5章 補論
ポートフォリオ選択の理論

第5章では，株価がどのように形成されるかという問題をファンダメンタル・バリュー理論によって説明してきた。その際，株は一種類しかなく，株価は一つだけであるかのように分析を進めてきた。しかし，多くの会社が株式を上場しており，株価は一つではない。東証株価指数や日経平均株価など，株価の指標はあるが，それらは複数の株価の平均値であり，それ自体は株価ではない。

それでは，複数の株式のうち，投資家はどの株式に，どのような割合で投資するのだろうか。この問題を数学的に定式化し，解を与えたのは，米国のノーベル賞経済学者ハリー・M・マーコウィッツである。彼によって初めて，個々の株式のリターンとリスクが，株式市場全体のリターンとリスクにどのように結び付いているのかが明らかになった。これをポートフォリオ選択理論と呼ぶ。

5A.1 効率的フロンティア

第5章で説明したとおり，投資家はリターンとリスクを考慮して投資を行う。リターンは高いほどよいし，リスクは小さいほどよい。ここでは，リターンの指標として期待収益率を用いる。また，リスクの指標としては，収益率の標準偏差を用いる。

いま，ローリスク・ローリターンの株式Aとハイリスク・ハイリターンの株式Bがあったとする。縦軸に期待収益率，横軸に収益率の標準偏差をとって，これらを図示すると，それぞれ図5A.1の点Aと点Bのようになる。投資家は，株式Aに投資しても，株式Bに投資してもよい。さらには，株式Aと株式Bの両方に資金を分散して投資してもよい。

株式AとBの期待収益率をそれぞれ $\bar{i}_A$ と $\bar{i}_B$ とし，収益率の標準偏差を

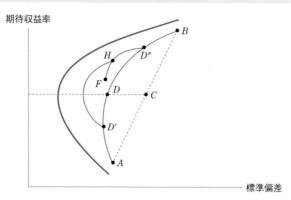

図5A.1　効率的フロンティア

それぞれ σ_A と σ_B とする。株式 A に α、株式 B に残りの $(1-\alpha)$ を投資したとしよう。この分散ポートフォリオの期待収益率は次のように計算される。

$$\alpha \bar{\imath}_A + (1-\alpha)\bar{\imath}_B \qquad (5A.1)$$

また、収益率の標準偏差は次のようになる。

$$\sqrt{\alpha^2 \sigma_A^2 + 2\alpha(1-\alpha)\sigma_A \sigma_B R + (1-\alpha)^2 \sigma_B^2} \qquad (5A.2)$$

ここで、R は株式 A と B の収益率の相関係数である（$-1 \leq R \leq 1$）。

　例えば、株式 A と B の収益率が完全に順相関している（同じ方向に動く）としよう（$R=1$）。この分散ポートフォリオの収益率の標準偏差は次のように計算される。

$$\alpha \sigma_A + (1-\alpha)\sigma_B \qquad (5A.3)$$

したがって、この分散ポートフォリオの収益率とその標準偏差は、図の点 A と点 B を結ぶ破線上の点 C で表される。

　株式 A と B の収益率が完全に順相関していない（逆の方向に動くことがある）場合は（$R<1$）、これよりも標準偏差は小さくなるので、例えば図の点 D で表される。このように、動きが異なる複数の株式に分散投資を行った場合、標準偏差が小さくなる。これが分散投資のメリットである。

　次に α の値を変化させてみよう。α を大きくすると、株式 A の割合が増

加するので，分散ポートフォリオの期待収益率と標準偏差は点 D' のように点 A に接近していく。逆に，α を小さくすると（$1-\alpha$ を大きくすると），分散ポートフォリオの期待収益率と標準偏差は点 D'' のように点 B に接近していく。こうして求めた点を結んでいくと，株式 A と B を利用したすべての分散ポートフォリオの期待収益率と標準偏差を図示することができる。これを効率的フロンティアと呼ぶ。

　ここに三つ目の株式 F が加わったとしよう。効率的フロンティアはどのように変化するだろうか。例えば，点 D'' に対応する分散ポートフォリオと株式 F を組み合わせて新しい分散ポートフォリオを作ると，効率的フロンティアは点 D'' と点 F を結ぶ図の曲線のようになる。さらに，この曲線上の点 H に対応する分散ポートフォリオと点 D' を組み合わせて新しい分散ポートフォリオを作ると，効率的フロンティアをさらに広げることができる。この作業繰り返して，効率的フロンティアを広げていくと，最終的には一番左にあるような効率的フロンティアが得られる。一般に，株式の数が増えるほど効率的フロンティアは広がっていく。

5A.2　投資家の無差別曲線とポートフォリオ選択

　投資家は，期待収益率と標準偏差でポートフォリオを評価すると仮定する。投資家の効用関数を次の式で表すこととしよう。

$$U = U(\bar{\imath}, \sigma) \qquad\qquad (5A.4)$$

ある効用水準 $\bar{U}$ を達成するすべての $\bar{\imath}$ と σ の組み合わせを図示すると図 5A.2 のように右下に凸の曲線になる。これを投資家の無差別曲線と呼ぶ。リスク回避的な投資家は $\bar{\imath}$ が大きいほど，σ が小さいほど，効用が高い。したがって，左上にある無差別曲線ほど効用水準が高く，右下にある無差別曲線ほど効用水準が低い。

　投資家は，与えられた効率的フロンティア上で，効用を最大化する $\bar{\imath}$ と σ の組み合わせを選択する。図 5A.3 では点 E が最適な選択となる。無差別曲線は投資家によって異なる。高リターンよりも低リスクを重視する投資家は無差別曲線の傾きが急になる。したがって，こうした投資家の最適なポートフォリオ選択は図 5A.4（a）の点 E' のようになる。逆に，低リ

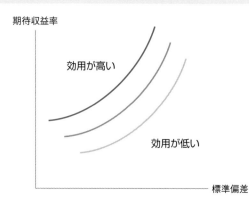

図 5A.2　投資家の無差別曲線

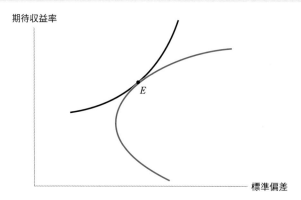

図 5A.3　市場均衡

スクよりも高リターンを重視する投資家の無差別曲線の傾きは緩やかであ
る。したがって，この投資家の最適なポートフォリオ選択は図 5A.4（b）
の点 E'' のようになる。このように，株式の最適なポートフォリオ選択は投
資家によって異なるのが一般的である。しかし，これには重要な例外があ
る。節を改めて説明しよう。

図5A.4　投資家のリスク態度と最適ポートフォリオ

(a) 低リスクをより重視する投資家

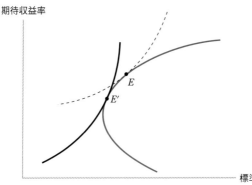

(b) 高リターンをより重視する投資家

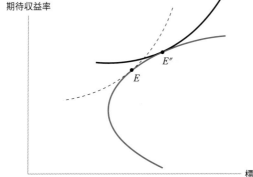

5A.3　安全資産とマーケット・ポートフォリオ

　ここまでの説明では，投資家は投資対象として株式のみが認められていた。しかし，投資対象は株式だけではない。現実には，第3章で説明した債券や後に説明する外国為替なども投資対象として大きな地位を占めている。その他，土地や建物，美術品や骨董品も投資対象とされる。ここでは国債に焦点を当てることとする。国債に特に注目する理由は，それが代表

的な安全資産だからである。安全資産とは，リスクが著しく低い資産のことである。リスクが低い分，リターンも低い。しかし，いざという時にすぐ換金できるため投資家の需要は高い。有事には「駆け込み寺」となり，資金が流入する。

　国債の期待収益率を $\bar{\imath}_G$，標準偏差を σ_G としよう。国債のリスクは著しく低いとされている。簡単化のために，ここでは $\sigma_G = 0$ としよう。国債は図5A.5では，点 G のように，縦軸上に位置する。一方，市場で取引されているすべての株式を用いて得られる効率的フロンティアが，図のような左に凸の曲線で表されるとしよう。投資家は，国債のみに投資してもよいし，株式のみに投資してもよい。また，国債と株式に分散投資してもよい。投資家はどのようなポートフォリオを選択するであろうか。

　点 S に対応するポートフォリオを株式ポートフォリオ S と呼び，その期待収益率を $\bar{\imath}_S$，標準偏差を σ_S で表す。投資家が資金のうち θ を国債に，$(1-\theta)$ を株式ポートフォリオ S に投資したとすると，その期待収益率は次のようになる。

$$\theta\bar{\imath}_G + (1-\theta)\bar{\imath}_S \qquad (5\mathrm{A}.5)$$

また，国債と株式の相関係数はゼロなので，収益率の標準偏差は次のように計算される。

$$(1-\theta)\sigma_S \qquad (5\mathrm{A}.6)$$

図5A.5　安全資産とマーケット・ポートフォリオ

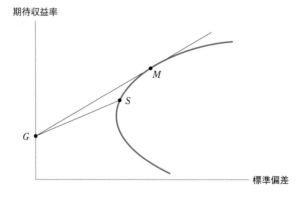

したがって，国債と株式ポートフォリオSの分散ポートフォリオの効率的フロンティアは点Gと点Sを結ぶ直線で表される。

　点Sは株式の効率的フロンティア上の任意の点であった。点Sを上手く選ぶことによって，収益をより高く，リスクをより小さくすることができる。具体的には，点Gを通り，株式の効率的フロンティアに接する直線を探し，その接点を選べばよい。この接点をMとしよう。国債とすべての株式を使って得られる効率的フロンティアは点Gと点Mを結ぶ直線で表される。点Mはマーケット・ポートフォリオと呼ばれ，次のような特異な性質を持っている。

　効率的フロンティアは点Gと点Mを結ぶ直線で与えられるので，投資家はこの直線上で効用が最も高くなる点，例えば点E_1を選ぶ（図5A.6）。低リスクをより重視する投資家は無差別曲線の傾きが急なので，点E_2のような点を選ぶだろう。高リターンをより重視する投資家は無差別曲線の傾きが緩やかなので，点E_3のような点を選択する。このように，リスク回避度の異なる投資家は，国債と株式に異なる割合で資金を投資する。しかし，選択される株式のポートフォリオは，リスク回避度の違いによらず，常に点Mに対応するポートフォリオである。すなわち，すべての投資家が株式市場では点Mに対応するポートフォリオに投資する。

　新聞紙上やテレビで，リスクオン，リスクオフという言葉を頻繁に耳に

図5A.6　**マーケット・ポートフォリオと投資家のリスク態度**

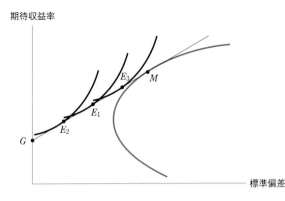

する。また，これらに関連して，リスクアペタイトという言葉が使われる。しかし，これらの言葉の経済学上の定義は必ずしも明らかではない。ここでは次のように整理しておこう。まず，リスクアペタイトを期待収益率と標準偏差との限界代替率と定義する。すなわち，投資家の無差別曲線の傾きである。無差別曲線の傾きが緩やかなほどリスクアペタイトが高い。次に，リスクオンとはリスクアペタイトが高まった結果，よりハイリスクでハイリターンの投資を行うことであると定義する。図5A.6では，投資家が国債への投資割合を減らし，株式のマーケット・ポートフォリオへの投資割合を増やすことを指す（点E_1→点E_3）。リスクオフは，リスクオンの逆で，国債への投資割合を増やし，株式のマーケット・ポートフォリオへの投資割合を減らすことを指す（点E_1→点E_2）。

第6章

外国為替市場

　外国為替市場とは，外貨が取引される市場である。日本の自動車メーカーが100万円の自動車を米国の自動車ディーラーにドル建てで売ると，100万円相当をドルで受け取ることになる。日本の自動車メーカーは，そのドルを外国為替市場で売却し，原材料費や従業員への給与の支払いに充てる。自動車を円建てで売る場合には，米国の自動車ディーラーが外国為替市場で100万円分のドルを売って，円を調達しなければならない。

　外国為替市場を利用するのは，財サービスの取引に携わる人々だけではない。投資家が，米国企業の株式に投資する場合，それを仲介する証券会社は外国為替市場で米ドルを買って，その企業の株を購入する。このように，財サービスを取引するにも，資産を取引するにも，国際的な取引には，必ずと言ってよいほど，外国為替市場が登場する。

　外国為替市場で成立する外国通貨の価格が為替レートである。例えば，円ドルレートが100円だという場合，それは1ドルの値段が100円だという意味である。為替レートが外国通貨の価格である限り，その水準は外国通貨の需要と供給で決まる。したがって，ドルの需要が増加したり，あるいは，ドルの供給が減少したりすると，ドルの価格は上昇する。需要と供給の法則は，外国為替市場でも貫徹している。

　もっとも，通貨は財サービスとは異なり，それ自体は道具に過ぎない。通貨は投資の手段として使われ，収益を上げるために活発に売り買いされる。ある通貨建て資産の収益率が他の通貨建て資産の収益率より少しでも高ければ，需要の増大によってその通貨の価格が直ちに上昇する（これを

「増価」するという）。それによって収益率は減少し，最終的にはどの通貨建ての資産を保有しても収益率は同じになる。これを金利裁定と呼ぶ。本章では，この金利裁定という概念を用いて，為替レートがどのように決定されるのか，その基本的な考え方を説明する。

6.1　金利平価式

■国際的な金利裁定

　為替レートが金利裁定によってどのように決定されるのかを見ていこう。あなたは1円を持っていて，これを日本の銀行に預けるか，米国の銀行に預けるかを比較検討しているとしよう。米国の銀行に預けるには，次のようなステップを踏む（図6.1）。まず，①外国為替市場で円をドルと交換する。この時の為替レートを1ドル＝S円とすると，$1/S$ドルを受け取ることができる。②これを米国の銀行に預けた場合，金利をi^*とすると，1年後には$1/S \times (1 + i^*)$ドルになる。③もし1年後に為替レートが1ドル＝S^e円になると予想されるなら，最終的には$S^e/S \times (1 + i^*)$円が得られる。

図 6.1　金利裁定による金利平価式の導出

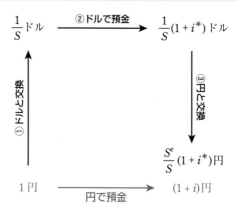

　一方，同じ 1 円を日本の銀行に預けた場合には，金利を i とすると，1年後には $(1+i)$ 円になる。もし投資家が海外に投資することに伴うリスクを気にしなければ，金利裁定によって，次の式が成立する。

$$1 + i = \frac{S^e}{S}(1 + i^*) \tag{6.1}$$

いま，米国の銀行に預けた方が，日本の銀行に預けるよりも，収益が高かったとする（左辺＜右辺）。この場合，ドルに対する需要が増大するため，円安ドル高になり，S が上昇する。すると，米国の銀行に預けた場合の収益が低下する（右辺が低下）。逆に，日本の銀行に預けた方が，米国の銀行に預けるよりも，収益が高かったとする（左辺＞右辺）。この場合，ドルに対する需要が縮小するため，円高ドル安になり，S が低下する。その結果，米国の銀行に預けた場合の収益が上昇する（右辺が上昇）。こうした投資家の裁定行動によって，最終的には (6.1) 式が成立する。

　(6.1) 式は，両辺を対数変換することによって，直感的に理解しやすい式になる。(6.1) 式の左辺を対数変換して近似すると，

$$\ln(1 + i) \cong i \tag{6.2}$$

また，右辺を対数変換して近似すると，

$$\ln\left\{\frac{S^e}{S}(1 + i^*)\right\} = \ln\left(\frac{S^e}{S}\right) + \ln(1 + i^*) \cong \left(\frac{S^e}{S} - 1\right) + i^* \tag{6.3}$$

(6.2) 式の右辺と (6.3) 式の右辺は等しいはずなので，両者を併せて整理すると，最終的に次の金利平価式が得られる。

$$i = i^* + \frac{S^e - S}{S} \tag{6.4}$$

これを金利平価式と呼ぶ。右辺は二つの項から構成されている。一つは米国の金利である。もう一つはドルの増価率（あるいは円の減価率）である。すなわち，米国の銀行に資金を預けておくと，金利に加えて，ドルの価値が上昇した場合のキャピタル・ゲインを得られる（ドルの価値が下落するとキャピタル・ロスを被る）。

■為替レートの変動要因

(6.4) 式を用いて，為替レートがどのように決まるかを見ていこう。最初に，海外金利と期待為替レートを所与とすると，国内金利と為替レートは右下がりの関係になっている（図6.2）。国内の金利が i_0 のとき，為替レートが S_0 であったとする。ここで，国内金利が i_1 に上昇すると，均衡点は金利平価式に沿って左上方へ移動し，円は S_1 に増価する。

次に，海外金利が上昇したとしよう。この場合は，金利平価式が上方へシフトする（図6.3）。このため，国内金利（i_0）と期待為替レートを所与とすると，円は S_0 から S_2 に減価する。為替レートは，内外金利差に依存しており，国内金利が海外金利と比較して相対的に低くなると，自国通貨の価値が下がる。逆に，海外金利が低下する場合は，国内金利が相対的に上昇するため，自国通貨の価値が上がるのである。

最後に，円の期待為替レートが減価したとしよう。この場合は，金利平価式を表す曲線が右上方へシフトする（図6.4）。国内金利（i_0）と海外金利を所与とすると，円は S_0 から S_3 に減価する。この場合は，内外金利差は変わらないので，外貨の増価率（あるいは自国通貨の減価率）も変わらない。したがって，円の期待為替レートが減価すると，同じ分だけ足元の円も減価するのである。

図6.2　国内金利と為替レート

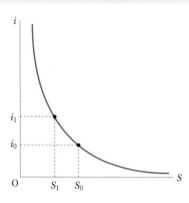

図 6.3　外国金利と為替レート

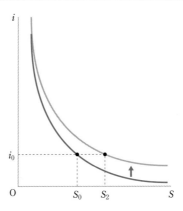

図 6.4　期待為替レートと足元の為替レート

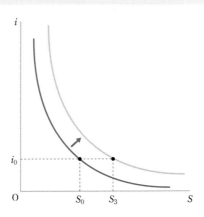

●BOX6-1　国際金融のトリレンマ

　為替レートが自由に変動する国際通貨制度を変動相場制という。変動相場制を採用している国は一部の先進国に限られており，多くの国は固定相場制や管理相場制（緩やかな固定相場制）を採用している。それには様々な理由がある。為替レートが安定していると，国際的な財サービスの取引に伴う不確実性が減少する。また，人や資本といった生産要素が流入しやすくなり，技術移転が活発に行われ，経済発展が促進される。後者の点は，発展途上国や新興国にとっ

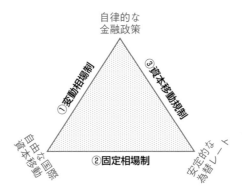

国際金融のトリレンマ

て特に重要である。

　戦後のブレトンウッズ体制の下では，米国以外の国は自国通貨を米ドルにペッグ（釘付け）していた。ブレトンウッズ体制が崩壊した後も，多くの国は唯一の基軸通貨であった米ドルに自国通貨をペッグし続けた。その後，1999年にユーロが登場すると，ユーロ圏との経済的結び付きが強い国々は，ドルと並んでユーロやユーロを含んだ通貨バスケットに自国通貨をペッグするようになった。

　しかしながら，為替レートを安定させようとすると，景気を安定化させる（完全雇用を達成する）ための金融政策が制約を受ける。この議論は国際金融のトリレンマと呼ばれる理論の一つの帰結である。この理論によると，政府・中央銀行は，安定的な為替レート，自律的な金融政策，自由な国際資本移動という三つの目標のうち，二つしか達成することができない。

　図は二つの目標とそれを達成するための制度を記したものである。①自律的な金融政策と自由な国際資本移動を目標として選ぶと，それらを実現するために，変動相場制を選択しなければならない。②自由な国際資本移動と安定的な為替レートを目標として選ぶと，固定相場制を選択しなければならない。③安定的な為替レートと自律的な金融政策を目標として選ぶと，資本移動規制を行わなければならない。なお，資本移動規制が行われると，国際的な金利裁定が制限されるため，金利平価式が成立しなくなることに注意しよう。

6.2　カバー付きの金利平価式

■ 直物レートと先物レート

　為替レートには，受け渡しが契約と同時（あるいは数日中）に行われる
直物レートと，将来の一定期日（1か月後，3か月後，6か月後，1年後な
ど）に行われる先物レートがある。例えば，1年後にドルを受け取ること
になっている日本企業があったとしよう。直物レートは1年の間に大きく
変動するかもしれない。ドル高になっていればゲインが得られるが，ドル
安になっていればロスを生じる。こうした為替変動リスクを回避したいな
ら，先物取引を利用することができる。先物レートは契約時点で決まって
いるので，先物市場でドルを売却しておけば，円建て価格を確定すること
ができる。一般に，こうした行動をリスク・ヘッジと呼び，第7章で詳し
く論じる。

　金利裁定によって，先物レートがどのように決定されるのかを見ていこ
う（図6.5）。あなたは1円を持っており，①米国の銀行で運用するために，
外国為替市場で円をドルと交換する。直物レートが1ドル＝S円とすると，

図6.5　カバー付きの金利平価式の導出

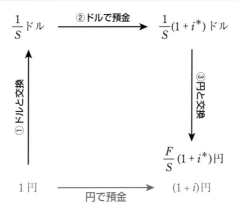

1/S ドルを受け取ることができる。②米国の銀行で運用した場合の金利を i^* とすると，１年後には $1/S \times (1+i^*)$ ドルになる。あなたは，③このドルを１年物の先物で売ることによって，円建て金額をいま確定することができる。先物レートが１ドル ＝ F 円ならば，あなたは $F/S \times (1+i^*)$ 円を受け取ることになる。日本の銀行に預けた場合には，金利を i とすると，１年後には $(1+i)$ 円になる。日本の銀行に預けても，米国の銀行に預けても，収益は同じにならないといけない。したがって，次式が成立しなければならない。

$$1 + i = \frac{F}{S}(1+i^*) \tag{6.5}$$

対数近似を行うと，次式が得られる。

$$i = i^* + \frac{F-S}{S} \tag{6.6}$$

これをカバー付きの金利平価式と呼ぶ。また，これと区別するために，(6.4) 式をカバー無しの金利平価式と呼ぶ。

　カバー無しの金利平価式とカバー付きの金利平価式では，S^e と F が入れ替わっただけであるが，実務的には全く異なる。第１に，カバー無しの金利平価式は直物レート（S）の決定式であるのに対し，カバー付きの金利平価式は先物レート（F）の決定式である。実務的には F を以下のように計算する。

　最初に，(6.6) 式を用いて内外金利差（$i-i^*$）から直先スプレッド，$(F-S)/S$ を計算する。この直先スプレッドと直物レート（S）から先物レート（F）を計算する。

　　　先物レート ＝ 直物レート ＋ 直先スプレッド × 直物レート　　(6.7)

なお，直先スプレッドがプラスのときは，先物レートの方が直物レートよりも円安になっているので，先物ディスカウントという。逆に，直先スプレッドがマイナスのときは，先物レートの方が直物レートよりも円高になっているので，先物プレミアムという。

　第２に，先物レート（F）を「将来の為替レートの予想値」と見なす議論をよく耳にするが，実務家にとっては，先物レートは内外金利差と直物

レートから機械的に計算されるものであり，予想的な要素はない。

　第3に，カバー無しの金利平価式はリスク中立の投資家を前提にしているが，カバー付きの金利平価式はリスク中立以外の投資家（リスク回避，リスク愛好）についても当てはまる。なぜなら，カバー付きの金利平価式で使われている先物レートは将来ではなく現時点で確定しており，為替変動リスクがないので，投資家のリスク態度は無関係だからである。なお，カバー無しの金利平価式をリスク回避的な投資家を前提に作るには，為替変動リスクに関するプレミアムを勘案する必要がある。

■先物取引の複製

　上の議論から明らかなとおり，先物レートは現時点で確定している直物レートと内外金利差から機械的に計算できる。このことは，先物市場が存在しない場合でも，実質的に先物市場を複製できることを示唆している。実際，次のように，複数の取引を組み合わせることによって，将来受け取るドルを円建てで確定することが可能である（図6.6）。あなたは1年後に1ドルを受け取ることになっており，円建て価額を確定したいと考えている。そこで，まず，① $1/(1+i^*)$ ドルを借りる。次に，②このドルを外国為替市場で円と交換する。直物レートが1ドル＝S円とすると，$1/(1+i^*)$

図6.6　先物取引の複製

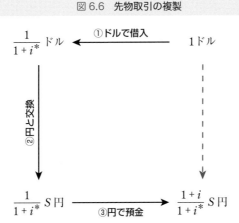

× S 円を受け取ることができる。③これを日本の銀行に預けておく。これで先物取引を複製できた。

　上の取引は，米国で借りて，日本で運用しただけである。これが先物取引と同じになることは，1 年後に何が起こるかを見れば分かる。1 年後，あなたは米国の銀行から借り入れた $1/(1+i^*)$ ドルに利子を付けて返済しなければならない。返済金額は，ちょうど 1 ドルである。あなたは受け取ったばかりの 1 ドルをその返済に充てればよい。一方，日本の銀行に預けた円には，i の利子が付くので，1 年後にあなたは $(1+i) \times 1/(1+i^*) \times S$ 円を受け取ることができる。つまり，1 ドルと交換に $(1+i) \times 1/(1+i^*) \times S$ 円を得た訳だ。実際，この額は (6.6) 式から導かれる先物レート，すなわち，

$$F = \frac{1+i}{1+i^*} S \qquad (6.8)$$

と一致する。

6.3　購買力平価説

　ここまでは，国内金利，海外金利，期待為替レートが与えられたとき，金利平価式を通じて，足元の為替レートがどのように決定されるのかを見てきた。それでは，金利平価式で所与とされている期待為替レートは，どのように決定されるのであろうか。これに対する満足な回答はまだないが，経済学者の多くは，為替レートは長期的な均衡値に向かって収斂していくものと考えている。

　それでは，為替レートの長期的な均衡値はどのように決まるのであろうか。それに対する答えを提供してくれるのが購買力平価説（PPP: Purchasing Power Parity）である。この仮説は，第 1 次世界大戦後，国際金本位制を再構築する際，各国の為替レートをどの水準に設定すればよいか，その基準として，スウェーデンの経済学者カール・グスタフ・カッセ

ルによって提唱されたものである。購買力平価説は，金本位制下の為替レートに限らず，長期的な均衡為替レートを計算する手法として，広く応用可能であると考えられている。

■一物一価の法則

　購買力平価説が依拠している経済理論はごく単純なものである。A 店でリンゴが 1 個 100 円で売られていたとする。一方，B 店では同じリンゴが 90 円で売られていたとしよう。当然，あなたは B 店でリンゴを買うことにするだろうし，あなた以外の人たちも B 店に行くだろう。すると，A 店の店主は顧客を取り戻すために価格を引き下げ，B 店の店主は顧客が殺到しているので価格を引き上げてもよいと考えるだろう。こうした価格調整の結果，リンゴの価格はどの店でも同じになる。これを一物一価の法則という。

　もし輸送コストがゼロで，関税や非関税障壁などがなければ，同一の財の価格は海外でも国内でも同じになる。ただし，日本の財の価格は円建て，米国の財の価格はドル建てなので，これらを結び付けるには，為替レートが必要である。つまり，次式が成立するはずである。

$$P_i = SP_i^* \tag{6.9}$$

$$P_i \equiv 財\ i\ の国内価格$$

$$P_i^* \equiv 財\ i\ の海外価格$$

この一物一価の法則が後述する購買力平価説の基礎となっている。

　もっとも，国をまたいで一物一価の法則が成立するには，多かれ少なかれ時間を要すると考えられる。このため，現実に観察される S は常に (6.9) 式を満たしている訳ではない。P_i と P_i^* が与えられたときに (6.9) 式を満たす S を S_i^L と書くことにしよう。すなわち，

$$S_i^L \equiv \frac{P_i}{P_i^*} \tag{6.10}$$

もし国際的に一物一価が成立しているなら，S と S_i^L は短期的には乖離していても，中長期的には一致するはずである。

　英国の経済雑誌『エコノミスト』は，世界中のマクドナルドのビッグマ

ックの価格を使って，『ビッグマック指数』（$S^L_{ビッグマック}$）と呼ばれるもの
を計算し，毎年公表している。これによると，国によって差はあるが，S
と $S^L_{ビッグマック}$ の乖離度は大きい。この他，スターバックスのトール・ラテ
の価格を使った『トール・ラテ指数』なども作られている。一方，金のよ
うに，絶えず国際取引が行われている財の場合，S と $S^L_金$ の乖離度は小さ
い。しかし，この事実をもって，$S^L_金$ を S の長期均衡値と考えることはでき
ない。なぜなら，日本の金価格は，為替レートを使って米国のドル建て金
価格を円建てにしたものだからである。

■絶対的購買力平価説

　一物一価の法則が一つひとつの財を対象にしているのに対し，購買力平
価説は，複数の財を一まとめにした財のバスケットを対象にしている。購
買力平価説には，絶対的購買力平価説と相対的購買力平価説の二つのバー
ジョンがある。最初に，絶対的購買力平価説について説明しよう。

　1年間に国内で消費される財のバスケットを $(Q_1, Q_2, \cdots, Q_N)$ とする。Q_i
は1年間に消費された財 i の数量である。このとき，1年間の消費額は
$P = \Sigma_i Q_i P_i$ と計算できる。絶対的購買力平価説は，一国の貨幣の購買力が
世界中どこでも同じになるという仮説である。今の例では，P 円で世界中
どこでも財バスケット $(Q_1, Q_2, \cdots, Q_N)$ を買うことができるということで
ある。この財バスケットを米国で買うと，消費額は $P^* = \Sigma_i Q_i P_i^*$ となる。
したがって，購買力平価説は次の式が成立することを意味している。

$$P = SP^* \tag{6.11}$$

　一物一価の法則と同様，現実に観察される S は常に (6.11) 式を満たして
いる訳ではない。P と P^* が与えられたときに (6.11) 式を満たす S を S^P と
書くこととしよう。

$$S^P \equiv \frac{P}{P^*} \tag{6.12}$$

絶対的購買力平価説が成立しているなら，S と S^P は短期的には乖離してい
ても，中長期的には一致するはずである。

　絶対的購買力平価説の問題点は，実証するのが難しいことである。第1

に，比較の対象となる国々で共通の財バスケットを見つけるのが難しい。日本で消費されている財が米国で消費されているどの財と同一であるかを調査するのは極めて困難である。しかも，できるだけ多く共通する財を見つけないと，絶対的購買力平価説が成立しているか否かを立証（あるいは反証）したことにはならない。金のみを対象としても，絶対的購買力平価説を実証したとは言えない。

　第2に，財バスケットの価額として，日米それぞれの消費者物価指数を使うことができればよいのであるが，それにはいくつか留意する点がある。まず，消費者物価指数は，ある基準となる年を 100（あるいは1）とする指数であり，金額ではない。絶対的購買力平価説を実証するためには，消費者物価指数を金額ベースで表示する必要がある。また，消費財バスケットにおける各財のウェイトは，国によって大きく異なる。米国人は日本人ほど米を食べないし，日本人は米国人ほど肉を食べない。

■ 相対的購買力平価説

　絶対的購買力平価説は，実証に必要なデータを整備するのが非常に困難である。そのため，経済学者は比較的容易に実証分析を始められる相対的購買力平価説を主な研究対象としてきた。CPI_t を t 期における日本の消費者物価指数，CPI_t^* を t 期における米国の消費者物価指数としよう。相対的購買力平価説とは，次の式が成立することをいう。

$$\frac{CPI_t}{CPI_{t-1}} = \frac{S_t}{S_{t-1}} \times \frac{CPI_t^*}{CPI_{t-1}^*} \tag{6.13}$$

同じことであるが，相対的購買力平価説という場合，次の関係式を指していることが多い。

$$自国のインフレ率 ＝ 為替減価率 ＋ 外国のインフレ率 \tag{6.14}$$

6.4　購買力平価説の現実妥当性

　データを使って購買力平価説の妥当性を確認してみよう。相対的購買力平価説については，(6.14) 式を使ってもよいが，次の方法が視覚的に判断しやすい。もし，(6.13) 式が毎期成立しているとすると，次の式が成立する。

$$S_t/S_a = \frac{CPI_t/CPI_a}{CPI_t^*/CPI_a^*} \tag{6.15}$$

a は基準となる期間であり，任意に選んでよい。図 6.7 は，日本と米国について，(6.15) 式の右辺と左辺を比べたものである（a = 2008 年）。これを見ると，相対的購買力平価説は長期的には成立しているようだが，短期的には成立していないようである。ましてや，絶対的購買力平価説の当てはまりはよくないだろう。

図 6.7　相対的購買力平価説の実証

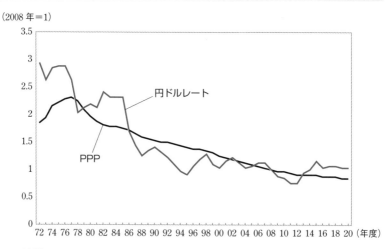

（出所）Organization for Economic Cooperation and Development, Board of Governers of the Federal Reserve System

■輸送費・貿易障壁・非貿易財

　経済学者たちは，購買力平価説が成立していることを何とかして立証したいと考えているが，これまでの実証結果は必ずしも満足できるものではなかった。先に説明したビッグマック指数も，一物一価の法則がどれほど成立していないかを示す例として挙げられることが多い。その原因はいくつもある。貿易相手国との距離が長くなればなるほど，商品価格に占める輸送費の割合は無視できなくなる。また，国内産業を保護するために海外からの輸入品に関税を掛けたり，様々な形で関税以外の非関税障壁を設けたりする国もある。国によって消費税の税率も異なる。また，原材料価格は同じでも，賃金や店舗代，商品に上乗せされる利益率は国によって異なるだろう。そもそも，日本で提供されるビッグマックは，海外で提供されるビッグマックと違うこともある。これらの点を踏まえると，一物一価の法則が成立するのは非常に難しいことが分かる。

■バラッサ・サムエルソンの定理

　輸送費が大き過ぎると，国際取引が行われないものもある。理容サービスはそうしたものの一例であり，非貿易財と呼ばれる。非貿易財の存在は，購買力平価説の成立を困難にする大きな原因になる。このことを理論的に証明したのがバラッサ・サムエルソンの定理である。ハンガリー出身の経済学者ベラ・バラッサと米国のノーベル賞経済学者ポール・A・サムエルソンは，生産性の高い先進国では，生産性の低い発展途上国に比べて，物価水準が高くなることを理論的に示した。先進国の貿易財価格，非貿易財価格，賃金をそれぞれ P_T, P_N, W とし，発展途上国の貿易財価格，非貿易財価格，賃金をそれぞれ P_T^*, P_N^*, W^* とする（すべて円換算済みの価格とする）。いま先進国では労働 1 単位で 2 単位の貿易財が生産されるのに対し，発展途上国では 1 単位しか生産されないとする。この場合，$2P_T = W$, $P_T^* = W^*$ が成立する。貿易財について一物一価の法則が成立しているとすると，$P_T = P_T^*$ である。したがって，$W = 2W^*$ となり，賃金水準は先進国の方が発展途上国より高くなる。一方，非貿易財の生産性は，先進国と発展途上国で同じであり，1 単位の労働で 1 単位の財が生産されるとする。こ

の場合, $P_N = W$, $P_N^* = W^*$ が成立する。したがって, $P_N = 2P_N^*$ となり, 非貿易財の価格は先進国の方が発展途上国よりも高くなる。したがって, 貿易財と非貿易財の両方を含んだバスケットの価格は, 先進国の方が発展途上国よりも高くなる。

■実質為替レートの変動

為替レートにも, 名目と実質の違いがある。これまで扱ってきた S は名目為替レートである。これに対し, 名目為替レートを物価で調整したものを実質為替レート (S^R) と呼ぶ。

$$S^R \equiv \frac{SP^*}{P} \qquad (6.16)$$

S^R が上昇するとき, 自国通貨は実質減価するといい, S^R が低下するとき, 実質増価するという。これは, 名目為替レート S が上昇したときに自国通貨が減価したといい, S が下落したときに自国通貨が増価したというのと同じ方向であるので覚えやすいだろう。分母は財バスケットの国内価格, 分子は海外価格（通貨換算済み）であり, 実質為替レートは財バスケットの相対価格と言い換えてもよい。経済主体が国内財と海外財の間で選択を行う際には, この相対価格が重要になる。

実質為替レートは購買力平価説と密接な関係がある。相対的購買力平価説を表す (6.15) 式で, CPI_t を P_t に, CPI_t^* を P_t^* に置き換えると, 実質為替レートを次のように書き直すことができる。

$$S_t^R = S_a^R \qquad (6.17)$$

a は特定の期間を表している（例えば 2008 年）。したがって, 相対的購買力平価説が成立しているということは, 実質為替レートが変化しないということを意味している。逆にいうと, 相対的購買力平価説が実証できないとすれば, それは実質為替レートが変化していることを意味している。なお, 絶対的購買力平価説（(6.11) 式）が成立している場合は, 実質為替レートは 1 で一定となる。

なぜ実質為替レートは変化するのであろうか。先に指摘したとおり, 実質為替レートは財バスケットの相対価格と言い換えてもよい。したがって,

自国の財の需要が外国の財の需要に比べて増加すると，自国通貨は実質増価（S^R が低下）すると考えられる。また，自国の財の潜在的な供給能力が増加すると，自国通貨は実質減価（S^R が低下）すると考えられる。

第7章

金融派生商品

　これまでの各章で，債券，株式，外国為替という主要な金融資産の価格付けについて学んできた。本章では，これらの資産（原資産という）に基づいて作られる全く別の金融商品である金融派生商品（デリバティブ）について解説する。

　金融派生商品の重要な機能の一つはリスク・ヘッジである。例えば，日本の輸出企業が将来その代金をドルで受け取ることになっているとしよう。輸出業者は決済までの為替変動リスクを回避したいと考えているかもしれない。金融派生商品を使えば，企業が抱えるこうしたリスクを上手にヘッジすることができる。

　一度作られたリスクは，金融派生商品でヘッジしたところで，この世から消えてなくなる訳ではない。ヘッジしたことによって，リスクが他の人に転嫁されるに過ぎない。しかし，転嫁される過程で，リスクが分散され，少しずつ，多くの投資家に引き受けられ，結果的により多くのリスクがシェアされるのも事実である。

　金融派生商品のもう一つの重要な機能は投機である。リスク・ヘッジは，逆のリスクを引き受けることによって，もとのリスクを中和する行為と考えることができる。したがって，もともとリスクを持たない人が金融派生商品を売買すると，リスクが増えることになる。ヘッジファンドは，金融派生商品を売買して積極的にリスクテイクを行い，収益を上げる金融機関である。

　金融派生商品は複雑であり，リスクの質と量を十分に評価できないこと

が多い。金融派生商品を原資産として，新しい金融派生商品が作られる場合にはなおさらである。2007 年に勃発した世界金融危機ではそうした金融派生商品が世界中にばらまかれ，世界経済をどん底に突き落とすこととなった。金融派生商品が持つリスクを理解することは重要である。

　金融派生商品は利用者の様々なニーズに応じて設計されるため，その内容は多種多様である。このため，すべての商品をここで網羅的に説明することはできない。しかし，そうした多種多様な金融派生商品も，基本となる金融派生商品の組み合わせからできていることが多い。本章では，そうした基本的な金融派生商品について解説することとしよう。具体的には先物取引，オプション取引，スワップ取引の三つを取り上げる。

7.1　先物取引

■為替予約

　国際貿易を行う企業にとって，為替レートの変動は企業業績に関わる大きな問題である。設例 1 を使って，この問題について考えてみよう。

【設例 1】
- 日本の自動車メーカーが，米国の自動車ディーラーに，200 万ドルで自動車を輸出する契約を結んだ。代金の支払いは 3 か月後である。
- 現在の為替レートは 1 ドル＝ 100 円である。もし，為替が変動しなければ，1 年後に 2 億円を受け取ることができる。
- 日本の自動車メーカーは，3 か月後の為替レートが，1/2 の確率で 1 ドル＝ 84 円，1/2 の確率で 1 ドル＝ 112 円になると予想している。
- 1 ドル＝ 112 円になれば売り上げは 2 億 2,400 万円，1 ドル＝ 84 円になれば，売り上げは 1 億 6,800 万円となる。
- 日本の自動車メーカーは，この為替変動リスクを避けたいと思っている。どうすればよいか。

　この設例では，日本の自動車メーカーが輸出代金を受け取るのが3か月後になっている。決済までに時間がかかるのは国際貿易では珍しいことではない。米国の自動車ディーラーにしてみれば，車を実際に受け取るまで，代金を支払う訳にはいかない。しかし，その間，日本の自動車メーカーは大きな為替変動リスクに晒される。ドル高になれば（1ドル＝112円）問題ない。しかし，ドル安（1ドル＝84円）になれば，売り上げが大きく減少する。

　このような場合，先物取引を利用すれば，為替変動リスクを回避することができる。先物取引には，大きく分けて二つの方法がある。第1の方法は為替予約であり，フォワードとか先渡し取引とも呼ばれる。設例1の場合，日本の自動車メーカーは，銀行に行って，「3か月後に200万ドルを売る」という内容の為替予約をしてくればよい。

　銀行から提示された先物レートが1ドル＝97円だったとしよう。3か月後，日本の自動車メーカーは，米国の自動車ディーラーから受け取った200万ドルを銀行に持って行くと，直物レートがどうなっていようと，1ドル＝97円で売ることができる。この場合の売り上げは1億9,400万円である。これは，1ドル＝112円の場合の売り上げ2億2,400万円より少ないが，1ドル＝84円の場合の売り上げ1億6,800万円よりも多い。

■フューチャーズ

　先物取引を行う第2の方法はフューチャーズである。日本の自動車メーカーは，先物取引所で「3か月後が期日のフューチャーズ200万ドルを売る」ことによって，為替変動リスクをヘッジすることができる。取引所で成立している先物レートが1ドル＝97円とすると，3か月後に直物レートがどうなっていようと，日本の自動車メーカーは1億9,400万円を受け取ることができる。

　為替予約とフューチャーズで売り上げが同じになったのは，いずれの場合も適用される先物レートが同じだったからである。先物レートが異なれば売り上げは異なる。通常は，為替予約の方がフューチャーズよりもコスト高になる。企業がドルを売りたい場合は，ドル安の先物レートが適用さ

れる。それは，以下に述べるとおり，為替予約の方が企業の都合に応じて
テイラーメイドに先物取引の内容を決めることができるからである。

　これに対し，フューチャーズは規格品である。期間は 30 日，90 日など
に決まっており，決済日も予め決められている。このため，設例 1 の日本
の自動車メーカーは，ドルを受け取るちょうどその日に先物取引の決済日
を設定できるとは限らない。ドルを受け取る前にフューチャーズの決済日
が到来する場合，日本の自動車メーカーは，ドルの受け取り日まで，為替
変動リスクに晒されることになる。これに対し，為替予約は店頭で内容を
自由に決められる注文品であり，ドルの受け取り日に合わせて決済日を設
定することができる。

　為替予約とフューチャーズの間にはもう一つ重要な違いがある。為替予
約ではドルの現物を受け渡すのが一般的である。これに対し，フューチャー
ズでは，必ずしも期日にドルを取引所に持って行く必要はなく，ドルの
現物は不要である。これは，フューチャーズでは，反対売買を行って取引
を相殺する差金決済が認められているからである。

　差金決済のメカニズムを理解することは，取引の実態を知るだけではな
く，金融派生商品の収益構造を理解する上でも重要である。設例 1 を用い
て，3 か月後の期日における資金の流れを見てみよう。ポイントは，①受
け取ったドルを取引所に持っていくのではなく，直物市場で円に交換して
いること，②先物取引所とは損益部分のみを受け渡していることである。

【差金決済（1 ドル当たり）】
ケース 1：ドル安（1 ドル＝ 84 円）になった場合
　　① 直物市場で，米国の自動車ディーラーから受け取ったドルを 1 ド
　　　　ル＝ 84 円で売る。
　　② 先物取引所で，1 ドル＝ 97 円で売っていたドルを，直物レート 1
　　　　ドル＝ 84 円で買い戻すと，1 ドル当たり 13 円の利益が出る。
　　　　上記①と②を合わせると，1 ドル＝（84 ＋ 13）円＝ 97 円で売ったの
　　　　と同じになる。
ケース 2：ドル高（1 ドル＝ 112 円）になった場合

> ①　直物市場で，米国の自動車ディーラーから受け取ったドルを 1 ド
> ル＝ 112 円で売る。
> ②　先物取引所で，1 ドル＝ 97 円で売っていたドルを，直物レート 1
> ドル＝ 112 円で買い戻すと，1 ドル当たり 15 円の損失が出る。
> 　上記①と②を合わせると，1 ドル＝（112 - 15）円＝ 97 円で売った
> のと同じになる。

　設例 1 では，3 か月後の直物レートが，1 ドル＝ 84 円と 1 ドル＝ 112 円
の二つしかないと仮定していた。しかし，現実には様々なレートが成立し
得る。図 7.1 上段は，3 か月後に受け取ったドルを直物市場で売却して得
られる 1 ドル当たりの円の受け取り額であり，右上がりの 45 度線で表され
る。図 7.1 中段は，先物でドル売りをした場合に，差金決済から得られる
1 ドル当たりの円建て損益である。3 か月後の直物レートが先物レート 1
ドル＝ 97 円よりもドル安になると，1 ドル当たりの円建て利益が増加す
る。逆に，3 か月後の直物レートが 1 ドル＝ 97 円よりもドル高になると，
1 ドル当たりの円建ての損失が増加する。図 7.1 下段は，上段と中段を足
し合わせたもので，日本の自動車メーカーが 1 ドルから得られる円の受け
取り総額である。3 か月後の直物レートの水準に関わらず，97 円で一定に
なっていることに注意しよう。これは，先物取引によって，為替変動リス
クが完全にヘッジされていることを意味している。
　為替変動リスクをヘッジしたいのは輸出企業だけではない。例えば，グ
レープフルーツの輸入業者が，将来の支払いに充てるドルの円建て価額を
現時点で確定したいと考えているとしよう。この場合には取引所で先物の
ドルを買っておけばよい。図 7.2 上段は，3 か月後に 1 ドルを直物市場で
調達する際の円の支払い額である。支払い額なのでマイナスとなっている。
先物レートを 1 ドル＝ 97 円とすると，図 7.2 中段は，取引所で先物ドル
を買った場合に，差金決済から得られる 1 ドル当たりの円建て損益である。
先物でドルを売った場合とは逆に，3 か月後の直物レートが 1 ドル＝ 97 円
よりもドル安になると，1 ドル当たりの円建ての損失が増加する。逆に，1
ドル＝ 97 円よりもドル高になると，1 ドル当たりの円建て利益が増加す

図 7.1 フューチャーズによるリスク・ヘッジ（輸出企業）

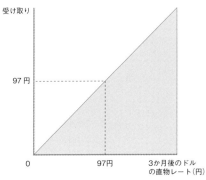

①直物ドル売りに伴う円の受け取り（円）

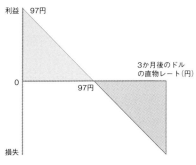

②先物ドル売りに伴う損益（差金決済）（円）

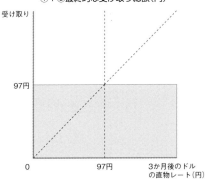

①＋②最終的な受け取り総額（円）

図 7.2　フューチャーズによるリスク・ヘッジ（輸入企業）

①直物ドル買いに伴う円の支払い（円）

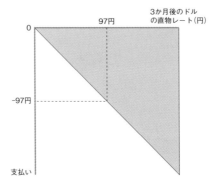

②先物ドル買いに伴う損益（差金決済）（円）

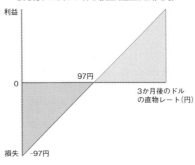

①＋②最終的な支払い総額（円）

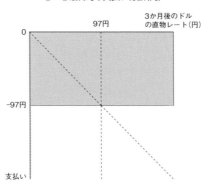

る。図 7.2 上段と中段を足し合わせると下段のようになる。3 か月後の直物レートの水準に関わらず，97 円で一定になり，為替変動リスクが完全にヘッジされている。

■債券と株の先物

　先物取引は，外国為替だけではなく，債券や株式でも行うことができる。例えば，国内の外食チェーン店が新規店舗の開店資金を保有債券の売却によって調達したいと考えているとしよう。しかし，開店準備までに 3 か月あり，その間に債券の売却価格が大きく変動すると計画自体が水泡に帰してしまうかもしれない。あるいは，債券ではなく，株式を売却して資金調達を行おうと計画しているかもしれない。いずれにせよ，債券や株式の売却価格を現時点で確定したいと考えるだろう。このような場合，債券や株式を先物市場で売っておけば，金額を現時点で確定することができる。

　ただし，あらゆる銘柄の債券の先物が取引所で取引されている訳ではない。例えば，大阪取引所では標準物と呼ばれる「クーポン 6 ％，残存期間 10 年の国債」という架空の債券の先物が取引されている。しかし，現在のような低金利環境でクーポン 6 ％の国債は現実離れしているし，標準物を売った企業が残存期間 10 年の国債を保有しているとは限らない。また，標準物の価格と実際に企業が保有している債券の価格が同じように動くとは限らない。債券先物でヘッジを行う際には，これらの点を考慮して，どのくらいの金額の先物を売買すべきか検討する必要がある。

　株式については，TOPIX 先物や日経 225 先物のように，複数の株価を平均した指数を原資産とする先物が大阪取引所で扱われている。当然，一つひとつの株価は発行企業の業績に依存して決まるため，平均値と動きが一致しているとは限らない。したがって，株価指数先物で個別銘柄の株の値動きを完全にヘッジすることはできない。とはいえ，TOPIX や日経平均株価は日本経済全体の景気を反映して動き，個別銘柄も景気の影響を受けて変動するのは同じである。このため，株価指数先物を使えば，個別銘柄の株価であっても，景気に起因する変動部分をある程度ヘッジすることは可能である。

7.2 オプション取引

■オプションの基本用語

オプションとは，将来の決められた期日，あるいは期日までに，債券，株式，外国為替等を，決められた行使価格で売買する権利である。オプションはあくまでも権利なので，それを行使するかしないかは，オプションの買い手に委ねられている。オプションは一種の保険であり，買い手は料金であるオプション・プレミアムを支払わなければならない。

オプションには様々な種類がある。ここでは，オプションを理解する上で欠かすことのできない用語を解説しておこう。まず，オプションにはプットとコールがある。プット・オプションは売る権利であり，コール・オプションは買う権利である。また，オプションにはヨーロピアンとアメリカンの違いがある。ヨーロピアン・オプションは決められた期日に決済するもので，アメリカン・オプションは期日前であっても決済することができる。

■オプションの損益

債券，株式，それらの先物など，様々な資産がオプション取引の対象となる。ここでは，先物取引との比較を兼ねて，通貨オプション取引を用いた為替変動リスクのヘッジについて説明しよう。その他の資産についても，リスク回避の原理は同じである。

引き続き，設例 1 を用いると，日本の自動車メーカーは，「3 か月後に 200 万ドルを 1 ドル＝ 97 円（行使価格）で売るヨーロピアン・ドルプット・オプションを買う」ことによって，為替変動リスクをヘッジすることができる。なお，外国為替を扱っている場合，ドルをどの通貨と交換しているかを明示すると誤解がない。ドルを売って，円を買う場合は，ドルプット・円コール・オプションとするとよい。

3 か月後の直物レートが 1 ドル＝ 84 円になったとする。この場合，日本

の自動車メーカーは，オプションを行使して，受け取った200万ドルを1ドル＝97円で売れば，1億9,400万円を受け取ることができる。これはオプションを購入しないで1ドル＝84円でドルを売った場合の売り上げ1億6,800万円よりも多い。3か月後の直物レートが1ドル＝112円になった場合は，オプションを行使しないで，200万ドルを1ドル＝112円で売ればよい。この場合の売り上げは2億2,400万円となり，大きなゲインが得られる。

　オプションを利用した場合の収益構造を理解するため，先物取引の差金決済と同様に，オプション取引の部分を分離して，3か月後の期日における資金の流れを見てみよう。ポイントは，①受け取ったドルはそのまま直物市場で売却し，②オプションを行使する場合は直物市場で調達したドルをオプションの売り手に売却して利益を受け取ることである。

【オプション取引の損益（1ドル当たり）】

ケース1：ドル安（1ドル＝84円）になった場合
　①　直物市場で，米国の自動車ディーラーから受け取ったドルを1ドル＝84円で売る。
　②　直物市場でドルを1ドル＝84円で買い，オプションを行使して1ドル＝97円で売ると，1ドル当たり13円の利益が出る。
　　上記①と②を合わせると，1ドル＝（84＋13）円＝97円で売ったのと同じになる。

ケース2：ドル高（1ドル＝112円）になった場合
　①　直物市場で，米国の自動車ディーラーから受け取ったドルを1ドル＝112円で売る。
　②　オプションは行使しないので，損益はゼロである。
　　最終的な結果は①のままで，1ドル＝112円となる。

　ケース2の②で，オプションを行使しないのは，次のような理由による。もしオプションを行使すると，直物市場で1ドル＝112円でドルを買い，オプションの売り手に1ドル＝97円で売ることになり，1ドル当たり15

円の損失が出てしまう。オプションは権利であり，権利は放棄して構わない。損失を被る権利なら，放棄した方がよい。

　また，ケース２の②は，先物取引の差金決済とオプション取引の損益の大きな違いでもある。ドル高（１ドル＝112円）になった場合，先物取引では１ドル当たり15円の損失が出る。これに対し，オプション取引では損益はゼロである。つまり，オプションの買い手には，ゲインはあれど，ロスはない。

　先物取引のときと同様にして，この議論を一般化しておこう。図7.3上段は，３か月後に受け取ったドルを直物市場で売却して得られる１ドル当たりの円の受け取り額である。中段は，ドルプット・オプションを買った場合の１ドル当たりの円建て損益である。直物レートが行使価格（１ドル＝97円）よりもドル安になると利益が出る。しかし，直物レートが行使価格よりもドル高になると損益はゼロである。下段は，上段と中段を足し合わせたもので，１ドル当たりの円の受け取り総額である。直物レートが行使価格よりもドル安なら，１ドル当たりの円の受け取り総額は97円で一定である。しかし，直物レートが行使価格よりもドル高になると，１ドル当たりの円の受け取り総額は97円を超えて増加する。このように，オプション取引を利用すれば，為替変動リスクをヘッジできるだけでなく，為替レートが有利な方向に動いた場合はそのゲインも手に入れることができる。

　将来支払いに用いるドルの円建て総額を現時点で確定したい輸入企業もオプション取引を利用することができる。この場合は，「３か月後に１ドル＝97円（行使価格）で買うヨーロピアン・ドルコール・オプションを買う」だけでよい。図7.4上段は，３か月後に１ドルを直物レートで調達する際の円建て支払い額である。中段は，ヨーロピアン・ドルコール・オプションを買った場合の１ドル当たりの円建て損益である。ドルプット・オプションを買った場合と異なり，直物レートが行使価格よりもドル高になると１ドル当たり円建て利益は増加し，ドル安になると損益はゼロになる。下段は，上段と中段を足し合わせたもので，１ドル当たりの円建て支払い総額である。３か月後の直物レートの水準にかかわらず，支払い総額は１ドル＝97円を超えることはなく，しかも，ドル安になれば支払いを減らす

図7.3 オプションによるリスク・ヘッジ（輸出企業）

①直物ドル売りに伴う円の受け取り（円）

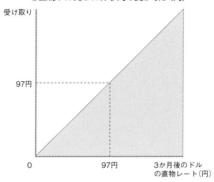

②ドルプット・オプションの買いに伴う損益（円）

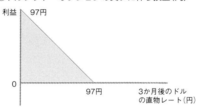

①＋②最終的な受け取り総額（円）

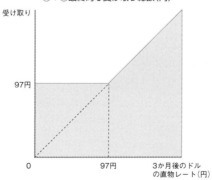

こともできる。

図7.4　オプションによるリスク・ヘッジ（輸入企業）

①直物ドル買いに伴う円の支払い(円)

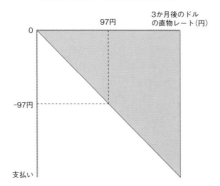

②ドルコール・オプションの買いに伴う損益(円)

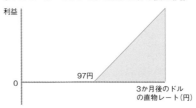

①＋②最終的な支払い総額(円)

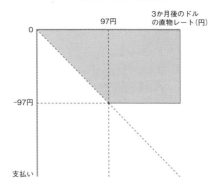

■オプション取引の応用

　ここまでの説明では，オプションを買った方が，先物取引よりも有利で
あるように思われる。しかし，オプションの買い手は，そのゲインの対価

図7.5　オプションによるリスク・ヘッジ（上限と下限付き）

①図7.3下段(円)

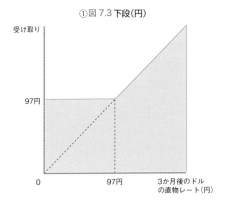

②ドルコール・オプションの売りに伴う損益(円)

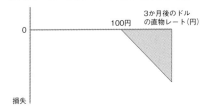

①＋②最終的な受け取り総額(円)

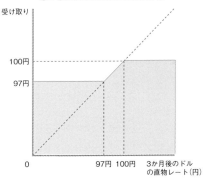

としてオプション・プレミアムを支払わなければならない。そして，オプション取引が有利であればあるほど，オプション・プレミアムは高額になる。設例1の自動車メーカーは，円での受け取り総額を確定することがそ

もそもの目的であったので，オプション取引による追加のゲインは大きくなくてもよい。むしろ，オプション・プレミアムを節約したいと思っているとしよう。例えば，ドル高のゲインは 1 ドル＝ 100 円まででよいと考えているとしよう。この場合，日本の自動車メーカーは，「3 か月後に 200 万ドルを 1 ドル＝ 97 円（行使価格）で売るヨーロピアン・ドルプット・オプションを買う」と同時に，「3 か月後に 200 万ドルを 1 ドル＝ 100 円（行使価格）で買うヨーロピアン・ドルコール・オプションを売る」ことにすればよい。

　この取引で，3 か月後の 1 ドル当たり円の受け取り総額がどうなるかを見てみよう。図 7.5 上段は図 7.3 下段と同じものである。図 7.5 中段は，1 ドルを 100 円（行使価格）で買うドルコール・オプションを売った場合の円建て損益である。図 7.5 下段は，上段と中段を足し合わせたもので，1 ドル当たりの円の受け取り総額である。1 ドル当たりの円の受け取り総額が 97 円と 100 円の間に抑えられていることが分かる。しかも，ドルプット・オプションを買うためにオプション・プレミアムを支払う一方で，ドルコール・オプションを売ってオプション・プレミアムを受け取っているので，オプション・プレミアムの節約にもなっている。

7.3　スワップ取引

■ 為替スワップ

　スワップとは，資産あるいは資金フローを交換する取引である。この節では，為替スワップと金利スワップを紹介し，スワップ取引の特徴を解説する。

　最初に，為替スワップについて説明しよう。設例 1 に戻って，日本の自動車メーカーが，為替変動リスクをヘッジするために，銀行で為替予約をしたとしよう。これによって自動車メーカーはリスクから解放された。しかし，リスクがこの世から消滅した訳ではない。自動車メーカーが抱えて

いたリスクは，銀行に転嫁されたに過ぎない。

　それでは，リスクを引き受けた銀行はどうするのか。銀行もリスクは抱えたくない。銀行は次の為替スワップの利用例のような取引を行い，為替変動リスクをヘッジする。ポイントは②の為替スワップである。この取引で，銀行は直物ドルを受け取り，それと交換に先物ドルを受け渡している。

【為替スワップの利用例】

　将来自動車メーカーからドルを受け取る為替予約を受け付けた銀行は，次のようにして，直ちに引き受けたリスクを他のプレーヤーに再転嫁する。

　①ドルの直物売り

　　　直物市場で，2万ドルを1ドル＝100円で売る。

　②為替スワップ（ドルの直物買い＋ドルの先物売り）

　　　直物ドルを1ドル＝100円で買って，先物ドルを1ドル＝97円で売る為替スワップを行う。

　　　上記①と②を合わせると，①の直物ドルの売りと②の直物ドルの買いが相殺され，②の先物ドルの売りのみが残る。これで，銀行もリスクをヘッジできた。

■金利スワップ

　二つ目の代表的なスワップ取引は金利スワップである。次のような例を考えてみよう。

【設例2】

● 日本の自動車メーカーは，10億円の借り入れ金があり，すべて変動金利（指標変動金利＋0.5％）で調達している。

● 現在の指標変動金利は1％である。もし，金利が変動しなければ，年間の利払いは1,500万円である。

● 日本の自動車メーカーは，今後3年間，指標変動金利が1/2の確率で

0.5 ％，1/2 の確率で 3.5 ％になると予想している。

● 指標変動金利が 0.5 ％になれば利払いは年間 1,000 万円，3.5 ％になれば利払いは年間 4,000 万円になる。

● 日本の自動車メーカーは，この金利変動リスクを避けたいと思っている。どうすればよいか。

　設例 2 のような場合，変動金利を固定金利と交換する金利スワップを利用すれば，金利変動リスクを回避することができる。日本の自動車メーカーは，銀行に行って，「今後 3 年間，想定元本 10 億円，受取金利＝指標変動金利 ＋ 0.5 ％，支払金利＝固定金利の金利スワップを行う」ことにすればよい。このとき，銀行から提示された固定金利が 2.5 ％だったとしよう。この契約によって，今後の金利がどうなっていようと，日本の自動車メーカーの利払いは年間 2,500 万円に固定される。これは，指標変動金利が 0.5 ％になったときの利払い 1,000 万円よりは多いが，3.5 ％になったときの 4,000 万円よりも少ない。

　なお，指標変動金利として，以前は LIBOR（London Interbank Offered Rate）が使われるのが一般的であった。しかし LIBOR には，恣意的な操作が加わっているとの疑いがかかり，2021 年で公表中止となった。

　また，スワップ取引では金利だけが受け払いされ，元本の受け払いは行われない。金利スワップ取引で想定元本と呼ばれるものは，あくまで仮想の元本であり，実際に資金がやり取りされる訳ではないことに注意しよう。想定元本は利子の金額を計算するために用いられるものである。これは，為替スワップで，現物のドルが受け渡しされるのとは異なっている。

　金利スワップによって金利変動リスクが回避されるメカニズムを理解するために，借り入れと金利スワップに伴う日本の自動車メーカーの資金フローを次の金利スワップの利用例で整理しておこう。ポイントは②で，元の変動借り入れにかかる支払い利子が，銀行からの「変動受け」によって補填され，その代わりに，銀行に対しては「固定払い」が行われる。これによって，日本の自動車メーカーは，実質的に固定金利で借り入れを行ったのと同じことになっている。

　金利スワップは，あくまで，元の借り入れとは別の取引である。したがって，金利スワップの契約を結んだからといって，元の借り入れを動かす必要はない。したがって，バランスシートを大掛かりに組み替える必要がなく，元の借り手との関係に悪影響を及ぼす懸念もない。

【金利スワップの利用例】
　日本の自動車メーカーは，変動金利の利子を固定金利の利子と交換する金利スワップを利用して金利変動リスクをヘッジする。
①変動金利借り入れにかかる利払い
　　指標変動金利＋0.5％の利子を支払う。
②金利スワップ（変動受け＋固定払い）
　　指標変動金利＋0.5％の利子を受け取り，固定金利（2.5％）の利子を支払う金利スワップを行う。
　　上記①と②を合わせると，①の変動払いと②の変動受けが相殺され，②の固定払いのみが残る。これで，金利変動リスクをヘッジできた。

7.4　ヘッジと投機

　金融工学は，1973年に米国の経済学者フィッシャー・S・ブラックとマイロン・S・ショールズによるオプション価格の研究を皮切りに，急速に発展を遂げた。1997年にショールズと米国の経済学者ロバート・C・マートンにノーベル経済学賞が授与されると（ブラックは1995年に死去），金融工学は一種のブームとなった。
　しかし，そのわずか1年後の1998年，ショールズとマートンが役員を務めるヘッジファンド投資会社LTCMがロシア危機の影響を読み誤って破綻した。その10年後の2007年には，サブプライムローン問題が米国で発生し，世界金融危機へと発展した。サブプライムローン破綻というローカルで小さな問題が世界的な金融問題へと発展した背景には，CDO

（Collateralized Debt Obligation）や CDS（Credit Default Swap）といった新たな金融派生商品の世界的な普及があった。この点については第 15 章で改めて論ずることとする

　本章では，金融派生商品が様々なリスクをヘッジすることに有用であることを説明してきた。しかし，その金融派生商品が金融危機を世界中に広げ，深刻な事態を引き起こしたのは皮肉である。それはヘッジ手段としての金融派生商品が「毒を以て毒を制す」という形をとっているからである。つまり，何らかのリスクに晒されている場合，逆方向のリスクを敢えて抱えることで，リスクが中和されるのである。別の言い方をすると，もし金融派生商品が単独で使われると，それは単なる投機に過ぎなくなる。

　投機目的の金融派生商品の取引が金融システムの安定に及ぼすマイナスの効果は大きな問題である。金融派生商品があまりに複雑でリスクを覆い隠した結果，知らず知らずのうちに金融機関が投機に巻き込まれてしまったという不運も確かにある。しかし，その責任は，金融派生商品を売る側，買う側，すべての関係者にあることは間違いない。危機が発生すれば，規制監督が厳しくなり，自由な金融取引による効率的な資金配分が制限される。金融システムのすべての担い手が，自らの行動が社会厚生に及ぼす影響を自覚して行動すべきであろう。

第8章
金融仲介機関

　あなたが債券や株式を買うと，あなたのお金は直接借り手に渡る。これを直接金融と呼ぶ。これに対し，あなたが銀行にお金を預けると，そのお金は銀行によって貸し出される。つまり，あなたのお金は銀行を経由して間接的に借り手に渡る。これを間接金融と呼ぶ。近年，間接金融から直接金融へという動きが活発化していると言われている。しかし，日本のように直接金融への移行が遅々として進まない国は多い。世界的に見ても，間接金融のシェアは直接金融よりも大きい。

　間接金融を担っている金融機関を金融仲介機関という。銀行は金融仲介機関の代表的存在である。銀行は，家計から預金を集めて，企業に貸し出す。これを預貸金業務と呼ぶ。銀行は預貸金業務を通じて，二つの重要な役割を果たしている。

　一つ目は，資金の効率的配分である。一般に，個人が企業に直接資金を貸し付けることはない。それは，その企業に関して，個人と企業の間にある情報の格差があまりに大きく，個人の努力では乗り越えられないからである。銀行は，多くの個人に代わってこの情報格差を埋める役割を果たしている。本章では，個人と企業の情報の非対称性という観点から，銀行をはじめとする金融仲介機関の機能を解説する。

　銀行が預貸金業務を通じて果たしている二つ目の役割は，信用創造と決済サービスの提供である。銀行は預金という「お金」を発行し，それを通じて決済サービスを提供している。お金といって真っ先に思い付くのは財布の中に入っている紙幣や硬貨だろう。しかし，金額的には預金の果たす

役割が圧倒的に大きい。預金は銀行が創り出す「お金」である。

　ここで問題となるのが，銀行ビジネスが極めて脆弱な収益基盤の上に成立していることである。もし銀行が連鎖倒産するようなことがあれば，一国の決済システムが麻痺し，ひいては，経済活動全般がストップしてしまうことになりかねない。こうした事態を避けるため，預金保険など，様々な公的セーフティーネットが用意されている。

8.1　情報の非対称性

　情報の非対称性とは，商品の売り手と買い手，資金の借り手と貸し手など，経済主体間に存在する情報格差のことである。例えば，企業の役員は会社の情報を隅々まで把握している（はずである）。それと比べると，投資家が持っている情報はごく一部に過ぎない。

　情報の非対称性が存在すると，リスクが高い投資には高いリターンを要求し，リスクが低い投資には低いリターンを要求するという適切な価格付けができない。情報の非対称性があまりに大きいと，資金取引自体が行われなくなる可能性さえある。このように，情報の非対称性は資金の効率的な配分を阻害する要因になる。

　情報の非対称性には，逆選択とモラルハザードという二つの形態がある。これら二つの概念が何を意味しているのか，そして，それらがどのような経済問題を引き起こすのか，簡単な例を交えながら解説していこう。

■逆選択

　逆選択の意味を理解するには，米国のノーベル賞経済学者ジョージ・A・アカロフが提示したレモン市場の例が最適である。「レモン」とは質の悪い中古車のことである。買い手は，質の良い車であれば高くても買いたいが，レモンならば安くなければ買いたくない。しかし，中古車がどのような状態なのか，売り手はよく知っているが，買い手にはよく分からない。

もちろん，車の年数など客観的に分かることもあるが，どのような事故を
起こしたとか，どのような修理を行ったとか，細かいことは分からないこ
とが多い。これを隠された情報という。その結果，買い手は，ある確率で
レモンを買ってしまうこととなる。このため，中古車に対する買い手の評
価は質の良い車とレモンの中間になり，平均的な価格でしか売れなくなる。
その結果，質の良い中古車のオーナーは必ず損をするので車を売らなくな
り，中古市場にはレモンばかりが出回ることになる。

　こうしたことは，中古車市場のみならず，金融市場でも起こり得る。情
報の非対称性がなければ，金融市場では，リスクの高い投資には高いリタ
ーンが要求され，逆に，リスクの低い投資には低いリターンしか要求され
ないはずである。しかし，企業は自らの経営状態を十分に把握しているの
に対し，部外者である投資家には企業の内部事情はほとんど分からない。
このため，投資家による企業のリスク評価は「中」程度になり，リターン
も「中」程度になる。このため，低リスクの企業は，情報の非対称性がな
い場合に比べ，割高な金利を支払わなければならない。その結果，資金調
達を断念する企業が出る。こうして，金融市場にはリスクの高い企業のみ
が残ることとなる。

■ モラルハザード（エージェンシー問題）

　モラルハザードの典型的な例は保険である。例えば，自動車保険に加入
して，高額の損害賠償を支払わなければならないリスクから解放されると，
運転中の注意力が散漫になる。これを隠された行動という。また，医療保
険に加入して，病気になった場合の入院費や手術費が保障されると，健康
に気を使わなくなってしまうといったこともあるだろう。いずれの場合も，
事故を起こしやすくなったり，重い病気になるリスクが高まったりするの
で，そのコストは高額の保険料として保険加入者が負担することになる。
モラルハザードが起こると，リスクが増えるだけで，事前的には誰も得を
しない。

　モラルハザードの二つ目の例は，プリンシパル・エージェント問題であ
る。プリンシパル（依頼人）は報酬を支払って何らかの役務をエージェン

ト（代理人）に依頼し，エージェントはプリンシパルに代わって役務を代行する。厄介なのは，役務の結果（出来栄え）が，エージェントの努力水準のみならず，偶然によっても左右されるため，どこまでがエージェントの努力の結果で，どこまでが偶然によるものか，プリンシパルが判断できないことである。このような場合，プリンシパルに気付かれないように自己の利益を追求する（贅沢な暮らしをする，仕事をさぼる等）のが，エージェントにとって最適な行動となる。もちろん，この場合のコストはプリンシパルが負っている。こうして生じた費用はエージェンシー・コストと呼ばれる。

　プリンシパル・エージェンシー問題は至る所で生じている。金融市場も例外ではない。株主と会社経営者は，株主（プリンシパル）が経営者（エージェント）に事業の代行を依頼していると見なせば，プリンシパルとエージェントの関係にあることが分かる。株主は経営者を常に監視している訳にはいかないので，経営者は自らの利益を追求するかもしれない。米国の法学者アドルフ・A・バーリと経済学者ガーディナー・C・ミーンズは，こうした状況を所有と経営の分離と呼び，経営者による企業支配の実態を指摘した。こうした事態を回避し，経営者を規律付けるために利用されるのがインセンティブ・メカニズムとしての役員報酬である。しかし，営業成績のどこまでが経営者の努力の結果なのか，どこまでが偶然によるものなのか，株主には判然としない。株主の意向と経営者の利益を上手く一致させるようなインセンティブ・メカニズムを構築することは容易ではない。

8.2　銀行による金融仲介

　銀行の本業は，家計から預金を集めて，企業に貸し出すことである。このうち，資金を企業に貸し出す業務を与信業務と呼ぶ。銀行による与信業務は，家計と企業の間に入って，情報の非対称性を削減する手段の一つと見なすことができる。与信業務は，スクリーニングとモニタリングという

二つの段階に分かれる。

■スクリーニング

　スクリーニングは，先に説明した二つの情報の非対称性のうち，逆選択の回避を目的としたものである。銀行は，与信を実行する前に，スクリーニングを行うことによって，対象企業の信用度やプロジェクトのリスクを計測し，与信先として適格かどうか，金利がリスクに相応しい水準に設定されているか，与信額は適切な水準に止められているかなど，様々な角度から審査を行う。つまり，逆選択の原因となっている隠された情報を洗い出すのがスクリーニングである。

■モニタリング

　モニタリングは，情報の非対称性のうち，モラルハザードの回避を目的としたものである。銀行の与信業務は貸し出しを実行した後も続く。資金が計画外の目的に支出されていないか，計画どおり利子や元金の返済が行われているかなど，モラルハザードの原因となる隠された行動をできる限りなくすのがモニタリングの目的である。もし利子の延滞が発生すれば，銀行は企業に対するモニタリングを強化する。この点におけるメインバンク（主要取引銀行）の役割は特に大きい。

■スクリーニングの失敗

　家計が銀行に預金を行うのは，それが低リスクの貯蓄手段であるからである。そうでなければ，極めて低い利子しか得られない預金に魅力はない。銀行の側も，リスクの高い融資を敬遠する傾向がある。融資先の企業が高い収益を上げたとしても，銀行は予め決められた利子を受け取るだけで，高い配当が得られる訳ではない。逆に，企業が十分な収益を上げられなかった場合には，利払いが行われなかったり，さらには，元金が返済されなかったりするなど，大きな損害を被るかもしれない。銀行がリスクの高い企業を敬遠するのは，融資という業務形態からして，合理的な選択である。

　しかし，銀行が優良な融資先を見つけられなくなると，こうした銀行の

●BOX8-1　銀行の融資先選択

　いま，融資先の候補として A 社と B 社二つの融資先があるとしよう。図に示すとおり，A 社の売り上げは $1/2$ の確率で G_A 円，$1/2$ の確率で D_A 円とする。B 社の売り上げは $1/2$ の確率で G_B 円，$1/2$ の確率で D_B 円とする。いずれの企業も期待売り上げは M 円とする。明らかに A 社は B 社よりも低リスクの企業である。

　銀行はどちらの企業に融資するだろうか。いずれの企業も，十分な売り上げがあれば X 円を銀行に返済するという約束である。しかし，売り上げが X 円に届かなければ，その分だけ返済可能な金額は減少する。このことを考慮に入れると，A 社に融資した場合の返済額は M_A 円，B 社に融資した場合の返済額は M_B 円となり，A 社に融資した方が有利である。

　銀行が低リスクの融資を選ぶのは，その収益構造がリスク回避的だからである。第 4 章で，リスク回避的な投資家の効用関数は凹関数，あるいは，上に凸な関数で表現されることを学んだ。図からも分かるとおり，銀行が受け取れる返済額は凹関数である。つまり，銀行はその収益構造からしてリスク回避的なのだ。

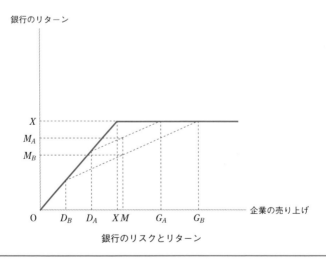

銀行のリスクとリターン

スクリーニングに綻びが生ずる。1980 年代に米国を襲った S ＆ L 危機は，銀行によるスクリーニングの失敗例である。S ＆ L は貯蓄貸付組合の略称

で，住宅ローンを取り扱う貯蓄金融機関として重要な地位を占めていた。しかし，規制緩和が進む中，他業態の参入によって本業である住宅ローン市場が浸食され，収益源が失われていった。同時に，預金獲得競争が激化し，預金金利が急速に上昇した結果，預貸利鞘がマイナスとなるＳ＆Ｌが続出した。こうした中，Ｓ＆Ｌの資産運用は，企業買収や不動産開発など，投機的な性格を帯びるようになった。こうしたビジネスへの貸し出しは徐々に不良債権化し，最終的には多くのＳ＆Ｌが破綻していったのである。

■モニタリングの失敗

　銀行によるモニタリングの失敗例として，1990 年代の不良債権問題を挙げておこう。平成バブルが崩壊した後，多くの企業が借入金の返済ができなくなり，銀行は巨額の不良債権を抱えることとなった。このような場合，銀行は企業からできるだけ多くの債権を回収し，損失が拡大するのを防ぐべきである。しかし，銀行の中には，問題の企業への融資を続け，増額するものさえ現れた。これを追い貸しと呼ぶ。追い貸しは，損失の計上を先延ばしにし，潜在的に有望な企業への資金配分を阻害してしまった可能性がある。

　自力で営業活動を続ける体力がなく，銀行からの融資でかろうじて存続しているに過ぎない企業をゾンビ企業と呼ぶ。ゾンビ企業への貸し出しは収益を生まないどころか，損失を拡大する危険性が高い。銀行は，追い貸しを行う過程で，経済がＶ字回復すれば，不良債権は優良な債権に戻ると期待していたのかもしれない。しかし，その後の日本経済は，Ｖ字回復どころか，Ｌ字低迷してしまい（「失われた 10 年」，「失われた 20 年」），不良債権は減少するどころか，ますます膨れ上がり，結果的に被害を拡大することとなった。

8.3　銀行による信用創造とその脆弱性

■銀行の満期変換機能

　銀行は，情報の非対称性の削減とともに，満期変換機能と呼ばれる重要な役割を担っている。銀行の企業に対する融資は長期にわたるものが少なくない。設備投資資金の融資は特に満期が長い。また，個人向けの住宅ローンも35年満期といった超長期で実行されることも珍しくない。一方，銀行の負債サイドの大宗を占める預金は満期が比較的短い。当座預金や普通預金は要求払い預金と呼ばれ，預金者は必要になればすぐに引き出すことができる。定期預金も1年，3年といったものが中心で，融資と比べて満期が短く，しかも，ごく簡単な手続きで引き出すことができる。このように，銀行は融資という長期資産を預金という短期資産に変換しているのである。

　こうした銀行の役割は流動性変換機能と呼んでもよい。なぜなら，銀行は融資という非流動的な資産を預金という流動的な資産に変換していると考えることもできるからである。しかも，当座預金や普通預金はマネーストック統計でM1，定期預金はM3という「お金」として取り扱われている。つまり，銀行は融資を通して最も流動性の高い資産を発行しているのだ。銀行がお金を発行することを銀行の信用創造機能という。

　もし銀行がなければ，個人の貸し手は利子の付かない現金を保有するか，非流動的な長期資産を保有するしかない。後者の場合，自分自身が流動性不足に陥り，すぐに元本を回収する必要が生じても，お金は戻ってこない。これに対し，銀行預金であればすぐに資金を全額回収することができる。しかも，現金と違って，普通預金や定期預金であれば，いくばくかの利息を受け取ることもできる。

■銀行業務の脆弱性

　なぜ銀行は満期変換，あるいは，流動性変換を行うことが可能なのであ

ろうか。その答えは17世紀のロンドンにある。当時のロンドンには世界中からお金が集まっていた。当時のお金は金であり，商人たちは金を安全に保管する場所を求めていた。そこに登場したのがゴールドスミス（金細工師）である。彼らは，商売柄，金を保管することに長けていた。あるとき，彼らは預けられた金の大部分が積み上がったままになっていることに気が付いた。そこで，ゴールドスミスは預かった金を貸し出し，利息を取ることを思い付いた。これが銀行のはじまりとされている。誰が預金を引き出すかは予め特定できない。しかし，預金の引き出しはごく一部であり，その規模も経験的にある程度予測することができた。このため，預金の大部分を非流動的で長期の貸し出しに投資しても，引き出しに応ずることができた。

　ゴールドスミスの話からも分かるとおり，銀行貸し出しが可能なのは，預金が一気に引き出されないということが前提となっている。しかし，この前提は極めて脆弱である。例えば，大きな企業倒産があったとしよう。この企業に大口の融資を行っていた銀行は多額の損失を計上することになる。もしかすると，融資の多くはすでに不良債権化しているかもしれない。預金者にしてみれば，一刻の猶予も許されない。すぐに銀行に駆け付け，誰よりも早く預金を引き出さないといけない。これが取り付け騒ぎと呼ばれる現象である。インターネットバンキングが普及した現代では，物理的に銀行に駆け付ける必要もない。クリックするだけで預金をトランスファーできる。

　ここでも情報の非対称性が問題を引き起こす。預金者には銀行の経営状態が正確に分からない。預金者として，自分の資産を守る最も確実な方法は，誰よりも早く預金を引き出すことである。厄介なことに，実際には経営に問題がなくとも，そのように疑われただけで取り付けが発生する可能性がある。疑念が行動を引き起こし，自己実現的に取り付け騒ぎに発展するのだ。これは空想などではない。日本でも，1973年，通学途中の学生の雑談が金融機関の取り付け騒ぎにまで発展したことがあり（豊川信用金庫事件），現実にあるリスクなのだ。

8.4　公的セーフティーネット

　一つの銀行が取り付けにあうと，別の銀行に飛び火し，ドミノ式に多くの銀行で取り付けが発生する可能性がある。これをシステミック・リスクという。システミック・リスクが現実のものとなり，金融システムが不安定さを増すと，実体経済にも負の影響が及ぶ。企業は新たな設備投資ができなくなるのは当然のこと，事業を続けていくための運転資金さえ不足してしまう。これは企業にとって死活問題である。企業倒産の発生は，そこに融資していた銀行の資産を棄損する。このため，ますます銀行経営が悪化し，金融システム全体が機能不全に陥る。こうした事態を回避するために，政府は様々なセーフティーネットを用意している。

■預金保険

　銀行が預金者の利益を損なう経営を行っているという情報を得たとき，預金者ができる最善のことは預金を引き出すことである。しかし，銀行は通常の引き出しに対応する金額しか現金を持ち合わせていない。法定準備率に見合う預金を日本銀行当座預金として保有しているが，それも預金のごく一部しかカバーしていない。資産を売って現金化することも可能だが，すぐに現金を用意するためには優良な資産を投げ売りするしかない。そのため，もし銀行が債務超過に陥ると，預金を引き出せない人が多数発生する。

　こうした事態に備え，先進国の多くは預金保険制度を整備している。銀行が預金の種類と金額に応じて保険料を預金保険機構に支払い，銀行が破綻したときに預金保険機構が預金者に支払いを行う。保護の内容は国ごとに異なるが，一定の範囲内で預金が払い戻されるのは同じである。これをペイオフという。なお，ペイオフという言葉は，預金保険が預金者に支払いを実行するという意味とは別に，預金の全額を保護しない，つまり預金の一部しか保護されないという意味で使用されることも多い。例えば，日

本の場合，銀行ごとに預金の 1,000 万円までしか保護されない（本書執筆時点）。

　預金保険は事後的なセーフティーネットであるが，米国のノーベル賞経済学者ダグラス・W・ダイアモンドとフィリップ・H・ディビックは，預金保険には銀行取り付けを防止する効果があることを理論的に示した。銀行経営にマイナスの情報が流れたら，できるだけ預金を引き出すことが，家計にとっては最善の戦略である。しかし，預金保険によって全額保護されるのであれば，預金をわざわざ引き出す必要はない。つまり，預金保険はその保護の内容が完全であるならば，銀行取り付けを事前に防止する。しかし，預金が全額保護されないのであれば，銀行取り付けを完全に予防することはできない。

　ダイアモンドとディビックは，銀行取り付けが全国に広がっている場合には，銀行取引を一斉に休止するのも有効な対策であるとしている。銀行が不要不急の預金の引き出しには応じないと宣言すれば，逆に，必要ならば預金を引き出すことができることになり，銀行取り付けを阻止することができる。フランクリン・D・ルーズベルトは 1933 年に大統領に就任すると，1 週間のバンクホリデー（銀行の一斉休業）を宣言し，その間に銀行の統廃合を進めた。これが，大恐慌の悪化を食い止めたとされている。

　バンクホリデーは，金融市場において，急速な証券価格の上昇や下落を防止するためのサーキットブレーカー（ストップ高，ストップ安）と似ている。サーキットブレーカーは，一度市場取引を止めて，証券のパニック売りや買いを抑止することを目的としている。バンクホリデーも，銀行取引を一旦休止し，銀行取り付けの連鎖を断ち切ることを目的としている。その間に不健全な銀行を整理し，銀行取り付けの原因を取り除くことができれば，健全な銀行が支払い不能に陥るのを防ぐことができる。ただ，バンクホリデーは休止による保証など，新たな問題を惹起するため，他の手段を使い尽くした後に用いられる最終手段と考えた方がよい。

■最後の貸し手

　自己実現的な取り付けを考えれば，健全経営を行っていたとしても，銀

行は支払い不能に陥る可能性がある。先に紹介した豊川信用金庫事件は，そうしたリスクが現実のものとなった例である。金融機関は多くの企業や個人と取引を行っており，そうした顧客にとっても，取引先銀行の破綻は大きなダメージとなり得る。しかし，破綻を目前にした金融機関が，他の金融機関から資金を借り入れる等，支援を得ることは事実上不可能である。

その場合，最後の頼みの綱は，中央銀行による最後の貸し手（LLR：Lender of Last Resort）機能である。日本では日銀特融と呼ばれ，日本銀行が金融機関に貸し出しを実行し，流動性不足を補う。実際，中央銀行が流動性支援を行うと宣言すれば，銀行取り付けは鎮静化する。豊川信用金庫のケースでは，日本銀行が「いくらでもお金はあるので心配するな」と札束を銀行前に積み上げた結果，パニックが鎮静化した。

LLRで留意しなければいけないのは，それが資金の供与ではなく，一時的な貸し出しであるという点である。支援を受けた金融機関は，流動性危機が去った後，資金を返済しなければならない。したがって，中央銀行は，債務超過に陥り，返済の見込みのない金融機関にLLRを発動することはできない。LLRで支援を受けられるのは，一時的に流動性不足に陥った金融機関のみである。

■公的資金の投入

銀行取り付けが発生すると，預金の引き出しに応じるために，銀行はすぐに売れる優良な資産から処分し始める。流動性の高い資産がなくなると，徐々に流動性の低い資産の売却を迫られる。しかし，そうした資産は投げ売り同然に処分される。こうしたプロセスを通じて，銀行のバランスシートはみるみる毀損されていく。このプロセスは，不健全な銀行であろうが，健全な銀行であろうが，同じように進行する。最終的には，債務超過に陥り，破綻する。

一つの銀行が破綻すれば，それで話が終わる訳ではない。一つの銀行の破綻が他の銀行の破綻を誘発し，金融システム全体が機能不全に陥ると，多くの企業や個人が破綻を免れなくなる。こうした金融・経済の全面的な影響を考慮すると，銀行破綻の社会的コストは計り知れない。このため，

銀行が現実に債務超過に陥っていたとしても，政府が資本を注入することによって，問題の金融機関を救済することがある。場合によっては，完全に国有化されることもある。これを公的資金の注入（ベイルアウト）という。

公的資金の注入に対して，「なぜ銀行だけが救済されるのか」と不満を抱く国民は少なくない。したがって，公的資金を注入する際には，銀行の経営陣，株主，そして，債権者（預金者を含む）に責任と負担を負わせることを明確にすることが重要である。銀行の株主は当然のこと，銀行の債権者にまで超過債務の負担を広げることをベイルインという。少額預金者にまで責任を求めることには無理があるが，大口預金者など，銀行の債権者が何らかの責任を負うことは，モラルハザードを抑制する上でも検討に値する。

公的資金の注入を含め，公的セーフティーネット全体に言えることであるが，こうしたセーフティーネットの存在がかえって銀行のリスクテイクを助長するという問題がある。特に，大きな銀行の場合，破綻した場合の社会的コストが莫大であるが故に，大き過ぎて潰せない（too big to fail）という問題がある。また，たとえ規模は小さくとも，多くの金融機関と取引関係にある金融機関は繋がりがあり過ぎて潰せない（too interconnected to fail）。こうした問題に対処するためには，次に説明する銀行規制監督が不可欠である。

8.5　銀行の規制監督

公的セーフティーネットは，金融システムの不安定化が現実のものとなった後に，それを鎮静化するために発動されるものであり，事後的な対策と言ってよい。しかし，一旦金融システムが不安定化すると，システムが再び正常に機能を回復し，経済活動が元に戻るには，長い時間を要する。金融システムの不安定化は，それを未然に防ぐことができれば，それに越

したことはない。銀行の規制監督は金融システムが不安定化するのを防止するために実施される事前的な対策である。

■銀行監督（モニタリング）

日本では，金融庁と日本銀行が銀行監督あるいはモニタリングを実施している。金融庁の検査，監督は，銀行法に基づき，銀行が法令を遵守しているか，リスク管理態勢を整えているかといった点を，銀行に立ち入って確認するものである。一方，日本銀行は，日本銀行法と考査契約に基づいて考査，オフサイト・モニタリングを実施している。その目的は，基本的には，最後の貸し手機能を発揮する際に備えて，銀行の業務や財産の状況を調査することにある。このように，両者は異なる根拠に基づき，異なった目的をもって実施されている。しかし，チェックする財務指標などには重複するものが多い。このため，両者が連携してモニタリングを行う方向で調整が行われている。

■銀行規制

銀行規制には様々なものがあり，それらすべてをここで解説する訳にはいかない。ここでは，1988年の最初のバーゼル合意（バーゼルⅠ）以来，国際統一基準として今や広く銀行規制として採用されている自己資本比率規制について簡単に触れておくこととしよう。

自己資本比率規制の目的は，十分な自己資本を積むことによって，銀行が超過債務に陥るのを防止することである。自己資本比率は，分子を自己資本，分母をリスク資産として計算される。リスク資産とは，リスクの程度に応じたウエイトで加重して合計した資産総額である。自己資本比率規制とは，こうして計算された自己資本比率が最低所要自己資本比率以上になることを求めるものである。

$$\frac{自己資本}{リスク資産} \geq 最低所要自己資本比率 \qquad (8.1)$$

最低所要自己資本比率は，国際業務を行っているか（国際統一基準），国内業務のみを行っているか（国内基準）によって異なる。また，両者は自

己資本比率の分子に何を含むことができるのかという点でも異なる。このため、両者を単純に比較することはできない。しかし、国際統一基準の方が国内基準よりも厳しいことは、バーゼル合意が成立した経緯からも明らかであろう。

自己資本比率規制は、1988年のバーゼルⅠの後、2004年のバーゼルⅡ、2017年のバーゼルⅢと2度にわたって抜本的改定が行われた。バーゼルⅢでは、最低所要自己資本にいくつかの追加的な資本バッファーを積むことが求められている。このうち、システム上重要な銀行に求められる資本バッファーは、すでに説明した大き過ぎて潰せない、繋がりがあり過ぎて潰せないという問題に対応したものである。

また、バーゼルⅢではカウンター・シクリカル・バッファーと呼ばれる資本バッファーも導入された。これはマクロプルーデンスというバーゼルⅢから重視されるようになった考え方に基づくものである。マクロプルーデンスは、個々の銀行の健全性（ミクロプルーデンス）を維持するだけでは金融システム全体の健全性を維持できないとの反省から生まれた概念である。システム上重要な銀行に対する資本バッファーもマクロプルーデンスのための施策であるが、カウンター・シクリカル・バッファーは景気後退局面における損失を念頭に置いたものであり、実体経済とのフィードバックを重視したマクロプルーデンス政策である。

自己資本比率が最低所要水準を下回ると、銀行破綻を未然に防ぐために、金融庁によって早期是正措置が発動される。自己資本比率が低下するのに応じて、経営改善計画の提出・実行、配当・役員賞与の制限、大幅な業務制限や合併・銀行業の廃止、業務の一部または全部の停止といった早期是正措置が段階的に実施される。

●BOX8-2　資産バブルの崩壊と不良債権問題

　もともと銀行業は規制の多い業種である。特に，1980年代までの日本の金融行政は護送船団方式と呼ばれるほどに厳格で，銀行は一行たりとも潰さないという方針が貫かれていた。これにより銀行は独占利益を享受する一方で，業務内容を厳しく制限されていた。しかし，1985年の大口預金金利の自由化を皮切りに，預金金利の自由化が急速に進み，銀行も競争時代に突入することとなる。しかも，大企業が銀行借り入れから社債や株式へと資金調達手段をシフトさせる銀行離れ（ディスインターミディエーション）が同時進行したことによって，銀行の収益率は急激に落ち込んでいった。

　そうした動きと軌を一にして，日本経済はバブルに飲み込まれていく。企業や個人が「財テク」（有利な投資，金融商品への傾倒）に走り，株価と地価が急速に上昇した。そうした中，銀行のリスク管理は旧態依然としたものだった。地価は決して下がらないという「土地神話」を背景に，不動産担保さえあれば大丈夫という考え方に囚われた金融機関は，不動産融資を中心に業容を拡大し，膨大なリスクを抱えるようになる。日本銀行は公定歩合を引き上げ，政府もノンバンク規制，土地関連融資の総量規制などでバブルの膨張を抑えようとしたが，遅きに失した。

　そして1990年代初，ついに平成バブルが崩壊する。株価や地価の暴落は，銀行をはじめ，あらゆる経済主体のバランスシートを棄損することとなった。1997年には三洋証券がインターバンク市場で資金ショートを起こし，そのことをきっかけに金融システム不安が発生する。また，銀行の不良債権問題に端を発する金融の機能不全は，実体経済の長期停滞を招くこととなった。これを「失われた10年」とか，論者によっては，「失われた20年」と呼んだりする。1990年代の不良債権問題は，政府の金融行政に多大な影響を及ぼした。特に，1998年，大蔵省（現財務省）から金融機関の検査・監督部門が分離され，金融監督庁（現金融庁）が設立されたのは象徴的な出来事であった。金融検査マニュアルは，検査官が金融機関検査を行う際のマニュアルとして作成されたものだが，金融機関のリスク管理を厳格化し，金融システムの安定化に寄与した。

　しかし，不良債権問題が決着し，世界金融危機を経て，国内では日本銀行による量的・質的金融緩和が実施されるなど，銀行を巡る経営環境は著しく変化している。このため，金融庁はこれまでの画一的な規制を改め，金融機関の自主性を尊重する方向へと舵を切ることとなった。これに伴い金融検査マニュアルはその役割を終え，2019年12月18日をもって廃止された。

第9章
マクロ経済モデル

　ここまでの各章では，与えられた金利の下で，債券や株などの資産の価格がどのように決定されるかを見てきた。また，家計や企業が経済行動を決定する上で重要な実質金利が，名目金利からインフレ率を差し引くことで得られることを学んだ。それでは，名目金利はどのようにして決定されるのであろうか。本章では，金利や産出量などの経済のファンダメンタルズがどのように決まるのかを理解する上で，今なお大学の学部や実務家の間で重要な役割を果たしている IS-LM モデルを紹介する。

　IS-LM モデルは，イギリスのノーベル賞経済学者ジョン・R・ヒックスが，同じくイギリスの経済学者ジョン・M・ケインズが著した『一般理論』の一つの解釈として提示したものである。それによると，財サービス市場の均衡を表す IS 曲線と貨幣市場の均衡を表す LM 曲線の交点によって，経済全体のマクロ均衡が決定される。本章では，IS 曲線と LM 曲線がどのようにして導き出されるか詳しく解説する。

　IS-LM モデルの真価は政策分析で発揮される。世界的な需要不足が発生した場合，国内の金利や産出量はどのように変化するのか。これに対して，政府・中央銀行は，財政政策や金融政策をどのような形で発動すればよいのか。また，金融不安によって貨幣需要が増大すると，金利や産出量にどのような影響が及ぶのか。そして，政府・中央銀行は，そうしたショックに対して，どのように対処すればよいのか。IS-LM モデルは，基本となる政策とその功罪を示してくれる。

　本章では，IS-LM モデルを国際経済へ拡張した DD-AA モデルについて

も紹介する。IS-LM モデルが財サービス市場と貨幣市場という二つの市場の同時均衡を考えるものであったのに対し，DD-AA モデルは，財サービス市場，貨幣市場，外国為替市場という三つの市場の同時均衡を考える。これによって，金利，産出量に加えて，為替レートについても，その変動要因と政策対応を考察することができる。

9.1　IS-LM モデル：財サービス・貨幣市場の均衡

■IS 曲線

　IS 曲線は，財サービス市場を均衡させる金利と産出量の組み合わせを曲線として表したものである。財サービス市場の均衡は，産出量（総生産）と需要量（総需要）が一致したときに達成される。総需要は，家計の消費，企業の投資，海外向けの純輸出，政府の財政支出から構成される。以下，それぞれの需要コンポーネントが，いかなる要因によって決定されるのか見ていこう。

　家計の消費（C）は主に可処分所得によって規定される。

$$C = \bar{C} + a(Y - T) \tag{9.1}$$

$$C \equiv 家計消費, \quad Y \equiv 総生産, \quad T \equiv 租税$$

右辺の $\bar{C}$ は絶対的消費と呼ばれるもので，正の定数である。これは，人間が生きていくために最低限必要な消費水準を表している。生産された物はすべて所得として分配されるので，Y を所得と呼んでもよい。したがって，$(Y - T)$ は可処分所得を表している。a は限界消費性向と呼ばれる係数である。また，$(1 - a)$ は限界貯蓄性向と呼ばれる。一般に，可処分所得が増えると，消費も増えると考えられる。このため，a は正の値をとるのが普通である。また，可処分所得の一部は貯蓄に回されるため，a は 1 よりも小さい。例えば，日本の場合，a は 2/3 程度であると考えられている。

　企業の投資（I）には，大きく分けて設備投資と在庫投資がある。いずれ

も主に実質金利によって規定される。

$$I = \bar{I} - b(i - \pi^e) \tag{9.2}$$

$$I \equiv \text{投資}, \quad i \equiv \text{名目金利}, \quad \pi^e \equiv \text{期待インフレ率}$$

右辺の i は名目金利，π^e は期待インフレ率を表している。したがって，$(i - \pi^e)$ は実質金利を表す（フィッシャー方程式）。一般に，実質金利が上昇すると，投資は減少すると考えられる。このため，b は正の値をとるのが普通である。

投資には，企業による投資だけではなく，家計の住宅投資を含めて考えてよい。一方，海外への投資は投資ではなく，後述する純輸出として把握される。また，ここでの投資は，設備や在庫などの実物資産への投資を意味しており，株などの金融資産への投資は含まれない。

純輸出（NX）は，輸出から輸入を差し引いたものである。純輸出は，可処分所得，実質為替レート，世界の景気などに規定されるが，簡単化のため，ここでは定数として取り扱う。純輸出の詳しい分析は本章の後半で行う。

財政支出を G とすると，財サービス市場の均衡条件は，次の式で与えられる。左辺が総生産で，右辺が総需要である。

$$Y = C + I + NX + G \tag{9.3}$$

この式に，(9.1) 式と (9.2) 式を代入して整理すると次式が得られる。

$$i = \frac{a-1}{b} Y + \frac{1}{b} (\bar{C} + \bar{I} + NX + G + b\pi^e) - \frac{a}{b} T \tag{9.4}$$

この式を満たす Y と i の組合せが IS 曲線である。a は 1 よりも小さく，b は正の値をとるので，Y の前についている $\frac{a-1}{b}$ は負の値をとる。したがって，Y を横軸，i を縦軸とする図を描くと，IS 曲線は右下がりになる。

IS 曲線が右下がりになることは，45 度線分析という手法を用いて，視覚的にも確認することができる。図 9.1 の青線は (9.3) 式の右辺を図示したものである。Y が上昇すると，(9.3) 式の右辺のうち，C のみが上昇し，その他の変数は不変であることに注意しよう。その傾きは，限界消費性向（a）が 1 よりも小さいことを反映し，45 度線よりも緩やかになる。他方，Y が上昇すると，(9.3) 式の左辺は当然に上昇する。図 9.1 のグレーの線

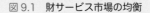

図 9.1　財サービス市場の均衡

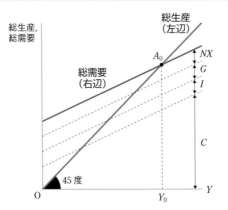

はこれを図示したものであり、その傾きは 45 度である。財サービス市場の均衡は図の点 A_0 で達成され、産出量は Y_0 となる。

　いま、名目金利 (i) が上昇したとしよう。金利の上昇は投資 (I) を押し下げるので、図 9.2 のように、総需要（青線）は下方へシフトする。その結果、財サービス市場の均衡は図の点 A_0 から点 A_1 へシフトし、産出量は Y_0 から Y_1 へ減少する。このように、名目金利が上昇すると、産出量は減少する。したがって、図 9.3 のように IS 曲線は右下がりとなる。

　ここで、(9.3) 式の財サービス市場の均衡条件を見て、疑問に思われた読者もいるのではないだろうか。国民経済計算について学んだ際、生産、支出、分配は三面等価の原則によって、常に等しいと教わったはずである。それならば、(9.3) 式は常に成立しているのではないだろうか。実際、ケインズが『一般理論』を公刊した頃、経済学者の間でも、三面等価と財サービス市場の均衡を巡って、少なからず混乱があったようである。こうした疑問は、意図した在庫投資と意図せざる在庫投資を区別することによって解消する。

　企業は商品の売れ行きの不確実性に対応するために在庫を持っている。そして、在庫が減少した場合には、適正な水準を回復しようとする。このときに行われるのが意図した在庫投資である。(9.3) 式の I には、この在庫

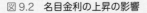

図 9.2 名目金利の上昇の影響

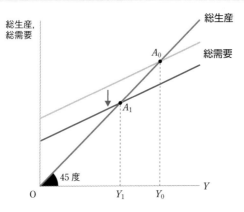

図 9.3 IS 曲線

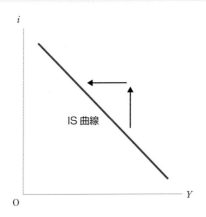

投資が含まれている。しかし，予想外な販売不振に襲われると，適正な在庫水準を上回る在庫が発生する。これを意図せざる在庫投資と呼び，(9.3)式の I には含まれていない。一方，国民経済計算では，意図した在庫と意図せざる在庫を区別せず，いずれも在庫投資としてカウントしている。売れ残った商品も，その企業が買ったこととすれば，生産された商品はすべて支出されることとなり，三面等価が常に成立するという訳だ。

■LM 曲線

　LM 曲線は，貨幣市場を均衡させる金利と産出量の組み合わせを示す。貨幣市場の均衡条件というと，貨幣の「売り」と「買い」が一致する条件のように思う人もいるかもしれない（フローの一致）。しかし，この言葉が実際に意味しているのは，人々が保有したいと思っている貨幣の量と現存しているすべての貨幣の量が一致することである（ストックの一致）。

　ケインズの『一般理論』によると，人々が保有したいと思う貨幣の量は，取引動機，予備的動機，投機的動機という三つの要因で決まる。取引動機とは，交換媒体としての貨幣の機能に着目したもので，日々の買い物をするために必要な貨幣を保有することである。取引動機に基づく貨幣需要は，主に所得によって規定されると考えられる。予備的動機は，緊急の支払いに備えて，貨幣を保有しておくことで，これも所得によって規定されると考えられている。

　投機的動機については，少し詳しい説明が必要である。貨幣を持っていても，金利は得られない。しかし，債券に投資すればいくばくかの金利を得られる。したがって，貨幣を保有していることの機会費用は名目金利（i）で表される。名目金利が高くなると，機会費用が高くなるので，貨幣は保有されなくなる。逆に，名目金利が低くなると，機会費用が低くなるので，貨幣が保有されるようになる。

　これを投機的動機と呼ぶのは，次のような理由による。いま，名目金利が非常に高かったとしよう。このとき，第3章で学んだとおり，債券の価格は非常に低い。おそらく債券の価格は将来上がるだろう。今のうちに債券に投資しておけば，値上がり益を得られるかもしれない。したがって，貨幣よりも債券を保有している方が得である。このように，名目金利が高いときには，貨幣の保有動機が低くなる。逆に，名目金利が低いときには，債券価格はすでに高くなっている。したがって，債券価格が低下する前に，債券よりも貨幣を保有しておいた方がよい。このように，貨幣保有量は，投機目的によっても左右されるのである。

　貨幣需要は，以上三つの保有動機によって決定され，所得つまり産出量の増加とともに増加し，名目金利の上昇とともに減少する。

$$M^d = \bar{L}PYe^{-ci} \qquad (9.5)$$

$$M^d \equiv 貨幣需要, \quad P \equiv 物価水準$$

右辺のPは物価水準であり，PYは名目GDPを表す。つまり，貨幣需要は名目GDPと比例して増減すると仮定されている。また，cは正の値をとる係数である。これは，名目金利の上昇とともに，貨幣需要が減少することを示している（eは自然対数の底）。(9.5) 式の両辺をPで割ると，次の実質貨幣需要関数が得られる。

$$\frac{M^d}{P} \equiv \bar{L}Ye^{-ci} \qquad (9.6)$$

　一方，貨幣供給（M^s）は，中央銀行のコントロール下にあると仮定される（中央銀行に貨幣供給をコントロールする力がどの程度あるかは，本書の後半で議論される）。貨幣供給をPで割ったものが，実質貨幣供給である（M^s/P）。貨幣市場の均衡条件は，実質貨幣需要と実質貨幣供給が等しくなることで満たされる。

$$\frac{M^s}{P} \equiv \bar{L}Ye^{-ci} \qquad (9.7)$$

これをiについて解くと，次のようになる（$\ln$は自然対数を示す演算子）。

$$i = \frac{1}{c}(\ln\bar{L} + \ln Y + \ln P - \ln M^s) \qquad (9.8)$$

この式を満たすYとiの組合せがLM曲線である。Yを横軸，iを縦軸として図を描くと，LM曲線は右上がりになる。

　LM曲線が右上がりになることは，グラフを用いて視覚的に確認することができる。図9.4のグレーの線は，Yを所与として，実質貨幣需要関数を描いたものである。iが上昇するにつれて，M^d/Pは減少する。一方，垂直に描かれた紺色の線は実質貨幣供給（M^s/P）であり，iとは無関係に政策的に決定されている。貨幣市場の均衡は図の点B_0で達成され，名目金利はi_0となる。

　いま，所得（Y）が上昇したとしよう。産出量の増加は実質貨幣需要を押し上げるので，図9.5のように，実質貨幣需要関数は右方向へシフトする（薄いグレーの線）。その結果，貨幣市場の均衡は図の点B_0から点B_1へ

図 9.4　貨幣市場の均衡

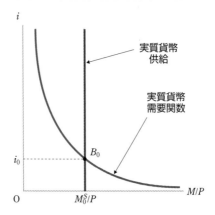

図 9.5　所得の増加の影響

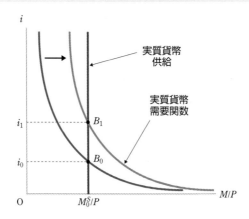

とシフトし，名目金利は i_0 から i_1 へと上昇する。このように，所得（Y）
が増加すると，名目金利（i）は上昇する。したがって，LM 曲線は図 9.6
のように右上がりとなる。

　経済の均衡は，財サービス市場の均衡条件と貨幣市場の均衡条件が同時
に満たされるときに達成される。図 9.7 は，図 9.3 と図 9.6 を重ね合わせ
たものである。マクロ経済の均衡は，IS 曲線と LM 曲線が交わる点 E で達

図 9.6 LM 曲線

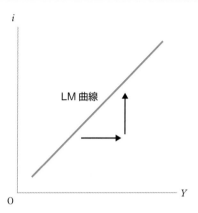

図 9.7 マクロ経済の均衡

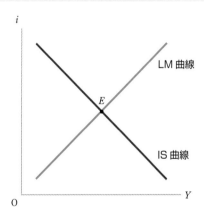

成される。

■マクロ経済ショック

　経済は様々なショックに晒されている。そうしたショックによって，IS
曲線や LM 曲線が変動し，マクロ経済の均衡も変化する。例えば，日本製
品に対する海外からの需要が減少したとする。図9.1から明らかなよう

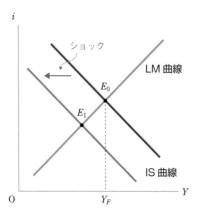

図9.8 純輸出の減少の影響

に，純輸出（*NX*）の減少は産出量（*Y*）の減少をもたらす。これは IS 曲線の左方向へのシフトをもたらす。

　当初，図 9.8 のように，点 E_0 でマクロ経済が均衡していたとする。産出量は完全雇用を達成する水準（Y_F）にある。純輸出（*NX*）の減少により IS 曲線が左方向へシフトすると，マクロ経済の均衡は点 E_0 から点 E_1 へと変化する。金利は低下し，産出量は完全雇用水準を下回るようになる。もちろん，日本製品に対する海外からの需要が増加すれば逆のことが起こる。IS 曲線は右方向へとシフトし，金利は上昇し，産出量は完全雇用水準を上回るようになる。

　金融市場におけるショックも，実体経済に影響を及ぼす。例えば，日本国債の増発によって，債券市場が不安定化し，価格変動リスクが高まったとしよう。投資家はリスクを回避をするためにポートフォリオにおける貨幣の保有割合を増やす。図 9.4 によると，実質貨幣需要（M^d/P）の増加は，*i* の上昇要因となる。したがって，LM 曲線は上方へシフトする。

　債券市場の不安定化によって LM 曲線が上方へシフトすると，図 9.9 にあるように，マクロ経済の均衡が当初の点 E_0 から点 E_2 へと変化する。金利は上昇し，産出量は完全雇用水準を下回るようになる。反対に，価格変動リスクが低下し，投資家が貨幣の保有割合を低下させれば，逆のことが

図9.9 債券リスクの増加の影響

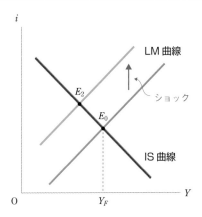

起こる。LM 曲線は下方へシフトし，金利は低下し，産出量は完全雇用水準を上回るようになる。

■財政政策の効果

　純輸出の減少や債券リスクの増大は，産出量を完全雇用水準以下に押し下げ，失業を発生させる。完全雇用は政府の目標の一つである。失業が発生すれば，政府はその解消へ向けて，何らかの政策を発動する。マクロの経済政策には，財政政策と金融政策がある。まずは，財政政策の役割とその効果について説明しよう。

　純輸出の減少によって，マクロ経済の均衡は，完全雇用が達成されていた点 E_0 から点 E_1 へと移動する。これに対し，財政当局は，図9.10のように財政支出（G）を増加することによって，IS 曲線を元の位置へ戻し，完全雇用を回復することができる。図9.1で，純輸出（NX）の減少は総需要を低下させ，それが IS 曲線を左方向へシフトさせたことを思い出そう。G の増加は NX の減少を埋め合わせ，総需要を元に戻す効果を持っている。これが IS 曲線を右方向へとシフトバックさせるのである。

　財政政策は，債券リスクの増大による失業発生に対しても用いることができる。債券リスクの増大は，マクロ経済の均衡を点 E_0 から点 E_2 へとシ

図9.10　純輸出の減少に対する財政支出の増加の効果

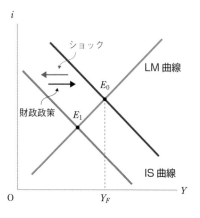

図9.11　債券リスクの増加に対する財政支出の増加の効果

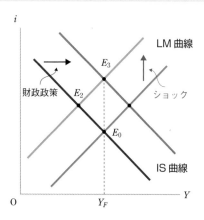

フトさせ，失業を発生させる。これに対して財政当局は，図9.11のよう
に，財政支出（G）を増加することによって，IS曲線を右方向へとシフト
させ，雇用を回復することができる。もっとも，この場合のマクロ経済の
均衡は，当初の点E_0ではなく，点E_3である。新しい均衡では，名目金利
がさらに上昇していることに注意しよう。このように，財政支出の増大が，
金利の上昇を通じて，民間の設備投資を押しのけてしまう現象をクラウデ

ィング・アウトと呼ぶ。

　最後のクラウディング・アウトの議論については，標準的な IS-LM モデルの説明にしたがった。しかし，財政支出の増加によるクラウディング・アウトの有無については有力な反論がなされている。財政支出は，信用の拡大を伴うのが一般的だからだ。この場合，IS 曲線の右方向へのシフトと同時に LM 曲線が下方へシフトする。このため，金利は上昇せず，クラウディング・アウトは発生しない。このように，財政政策は，金融的側面を考慮するか否かで効果が異なる。財政政策の金融的側面は第 17 章で詳しく解説される。

■金融政策の効果

　次に，金融政策の役割とその効果について説明しよう。最初に，債券リスクが増大したケースについて考察しよう。債券リスクの増大によって，マクロ経済の均衡は，完全雇用が達成されていた点 E_0 から点 E_2 へとシフトする。これに対して中央銀行は，図 9.12 のように，貨幣供給（M^s）を増加することによって，LM 曲線を元の位置に戻し，完全雇用を回復することができる。図 9.5 で，債券リスクの増大は実質貨幣需要関数を右方向へシフトさせ，それが LM 曲線を上方へシフトさせたことを思い出そう。

図 9.12　債券リスクの増加に対する貨幣供給の増加の効果

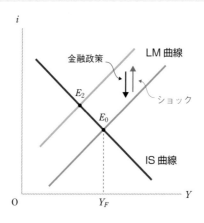

図9.13　純輸出の減少に対する貨幣供給の増加の効果

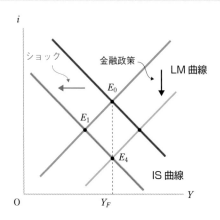

M^s の増加は，実質貨幣需要の増加と同じ分だけ実質貨幣供給を増大させ，金利を元の水準に戻し，LM 曲線を下方へとシフトバックさせるのである。

　金融政策は，純輸出の減少による失業発生に対しても用いることができる。純輸出の減少は，マクロ経済の均衡を点 E_0 から点 E_1 へとシフトさせ，失業を発生させる。これに対して，中央銀行は，図9.13のように，貨幣供給（M^s）を増加することによって，LM 曲線を下方へとシフトさせ，雇用を回復することができる。もっとも，この場合のマクロ経済の均衡は，点 E_0 ではなく，点 E_4 である。点 E_4 では，純輸出の減少によって低下した名目金利が，金融政策によってさらに押し下げられている。名目金利はゼロ％以下に低下することはできない。したがって，景気対策として金融政策にばかり頼っていると，いずれは金利に低下余地がなくなる。そして，中央銀行は，以下に説明する流動性の罠という厄介な問題に直面することになる。

■流動性の罠

　名目金利が極端に低下すると，債券を保有することによる収益が取るに足らなくなる。そして，金利がゼロ％に近づくにつれ，流動性の高い貨幣に対する需要が無限に大きくなる。これは流動性の罠と呼ばれる現象で，

図9.14   流動性の罠

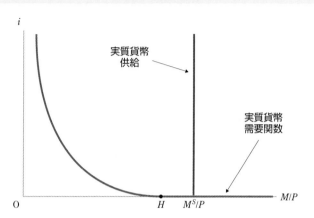

図9.14 はこれを図示したものである。名目金利がゼロ％のところで，実質貨幣需要関数が水平になっていることに注意しよう（点 *H* より右側）。流動性の罠の問題は明らかである。実質貨幣供給が点 *H* を超えると，中央銀行が貨幣供給をいくら増やしても，名目金利は低下しない。つまり，金融政策が無効になるのである。

　流動性の罠は，あくまで理論的な可能性であり，現実には起こりそうもないと考えられてきた。このため，マクロ経済学で真剣に議論されることはなかった。しかし，ケインズの『一般理論』の出版から60年を経て，ついにそれが現実のものとなった。1990年代初の平成バブルの崩壊以来，日本経済は長期にわたって低迷を続けている。日本銀行も，貨幣供給量を増やして金融を緩和してきたが，思うように政策効果が出なかった。これは，1990年代を通じて日本銀行が繰り返し金利を引き下げた結果，名目金利がゼロ％に達し，流動性の罠に陥ったからだ。また，後の章で議論されるとおり，世界的にも低金利が進行した結果，流動性の罠は世界の中央銀行にとって共通の懸念材料となった。

　流動性の罠があると，先に説明した IS-LM モデルにも修正が必要となる。具体的には，図9.15 のように，名目金利がゼロ％のところで LM 曲線が水平になる。マクロ経済の均衡は，この屈折した LM 曲線と IS 曲線の

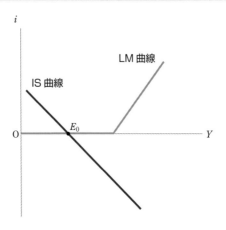

図 9.15　流動性の罠と LM 曲線

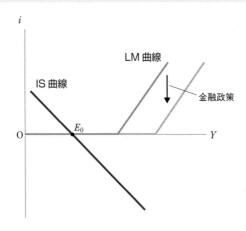

図 9.16　流動性の罠の下での貨幣供給の増大

交点である点 E_0 で与えられる。いま，点 E_0 において，所得が完全雇用水準を下回っているとしよう。先に説明したように，流動性の罠がなければ，中央銀行は貨幣供給を増加させることによって，完全雇用水準を達成することができる。しかし，図 9.16 のように，流動性の罠に陥っていると，貨幣供給量を増やして LM 曲線を下方へシフトさせようとしても，マクロ経